이내 생애
엇더혼고

제2회 賞春文學賞 수상작품집
이내 생애 엇더ᄒᆞ고

인쇄 2022. 9. 19 발행 2022. 9. 24
지은이 정읍 무성서원
펴낸이 정기옥
펴낸곳 리토피아
출판등록 2006. 6. 15. 제2006-12호
주소 21315 인천광역시 부평구 평천로255번길 13
전화 032-883-5356 전송 032-891-5356
홈페이지 www.litopia21.com 전자우편 litopia999@naver.com
ISBN-978-89-6412-170-2 03810

값 10,000원

| 제2회 賞春文學賞 수상작품집 |

이내 생애 엇더훈고

정읍 무성서원

리토피아
LITERATURE & UTOPIA

정읍 무성서원 전경

고운孤雲 최치원

불우헌不憂軒 정극인

도화행화는 석양리에 퓌여 잇고

士林首善

녹양방초는 세우 중에 푸르도다

제2회 賞春文學賞에 부쳐

1615년 서원으로 출발한 세계유산 '정읍 무성서원은', 대원군의 서원철폐령에도 훼철되지 않은 전국 47개 서원 중 하나로 전라북도에서 유일합니다. 주벽의 고운 최치원을 비롯하여 불우헌 정극인, 영천 신잠, 눌암 송세림, 묵재 정언충, 성재 김약묵, 명천 김관 등 일곱 분을 모시고 있습니다.

고운孤雲 최치원崔致遠은 12세에 당나라에 유학하여 6년만에 빈공과에 장원으로 급제하였으며, 황소의 난이 일어나자, "천하의 모든 사람이 너를 죽이려 의논할 뿐 아니라, 땅속의 귀신들까지 너를 죽이려고 의논하였다"는 「토황소격문討黃巢檄文」을 지어 당 전역에 문장으로 이름을 떨쳤습니다. 통일신라 말 890년경 이곳 태산에 태수로 부임하여 선정을 베풀었다고 합니다.

불우헌不憂軒 정극인丁克仁은 1472년 벼슬의 뜻을 접고 처향妻鄕인 이곳에 정착하여 향리의 자제를 가르쳤습니다. 우리나라 최초의 가사歌辭 작품인 「상춘곡賞春曲」을 지어 가사 문학에 큰 자취를 남겼습니다.

고운 최치원과 불우헌 정극인, 오늘 우리가 두 분의 문학적 성취를 기리고 또 이어받아야 하는 것은 지극히 마땅한 일입니다. 아울러 배향 인물들의 삶과 사상 그리고 정읍시 소재 유무형 문화유산을 널리 알리기 위하여 賞春文學賞을 제정했습니다. 시대적 요구인 시간적, 공간적 제한을 최소화하고 많은 이의 관심과 참여를 유도하고자 온라인으로 접수하였습니다. 2개월의 공모 기간 중 응모작이 500편에 달하며, 엄정하고 공정한 심사를 거쳐 시상하게 되었습니다.

대상 당선자가 미등단일 경우 계간《리토피아》에서 신인상 당선으로 인정하고 당선작품을 게재하며 향후 작품 발표를 적극적으로 돕기로 했습니다. 이 자리를 빌려 종합문예지 계간《리토피아》장종권 발행인께 심심한 감사의 말씀을 드립니다. 제2회 賞春文學賞에 입상하신 분들께는 축하의 박수를, 아쉽게 선에 들지 못한 분들께는 격려의 박수를 보냅니다. 고맙습니다.

정읍 무성서원 원장
이 치 백

■ 차례

•운문부

•산문부

| 제2회 賞春文學賞 수상작품 |

대상

조복희

입춘

현가루의 봄

■ 대상 수상작

입춘

조복희

응, 응,
그럼 이따 봐

2월은 봄을 기다리는 사람들로 점점 짧아지고

약속 시간이 더디 와 십 분이면 족한 거리를 돌아 돌아 걷는다. 작업 차량이 차지한 도로의 복판을 피해

신발보다 싸다는 타이어뱅크 앞으로 지나칠까 온누리통신 쪽으로 갈까 차라리…… 되풀이 되는 물음표에 점 하나는 정해졌다 변두리엔 언덕배기가 많아 담벽 무늬엔 틀린 그림이 없다 아카시아나무가 가지의 비듬을 턴다 쑥부쟁이 앉았던 자리에 돌멩이 얹는다 돋아날 새싹이 딛고 오르라고 고층 건물 사이 사라지는 겨울의 뒽뉘

화장품 가게에 들러 진달래 립스틱을 샀다 그새 노면엔 새로운 방향의 화살표가 그려지고

저쪽에서 그가 손을 흔든다

■ 근작시

산딸기는 떨어져도 그만 외 4편

해거름의 시골길이 휜다

집으로 가려던 햇살이 멈추어 잎새를 들추던 바람이 발부리에 걸려 산딸기 따던 손을 뒤로 한다
밭에서 일하는 할머니를 본다

따먹어도 돼요?
둔덕 것이 주인 있간디

둔덕이라는 말이
만지면 물컹 짓무르는 산딸기 같아 조심스레 발둑을 넘는다

몇 알을 건네받는 할머니
손가락 마디마다 마늘 육 쪽이 옹골지게 들어 앉았다

마늘 맛인지 산딸기 맛인지 우물거리기나 한 건지 다시 땅에 달라붙어 마늘을 뽑는다 뽑힌 자리 엉덩이 받침을 눌러 다독이며 나가고

흙에서 멀어져
남의 손 빌리지 않고 익을 줄 아는 산딸기는 손타지 않고도 줄줄이 떨어지는데

이노무 것은 손 안 거치고 입으로 가는 것이 있어야제
근동의 모든 별이 할머니에게 내려 앉는다

산때왈은 천지에 쌔부렀고 명아주 줄기 고랑에 꼿꼿하다 할머니는 이랑에서 허리가 휜다

덜 여문 마늘대 몇 개 남겨졌다

이이불이

스님은 주변 한 바퀴를 권한다
지워지지 않는 얼굴 있어 발걸음은 서성이고 뒷산에선 부엉
한낮에 부엉이 운다

꽃은 사방에 피어 웃는 얼굴에 침 못 뱉는다는 말
수선화를 보며

무엇을 보았나요? 스님이 묻는다

봄과 여름을 보았습니다
꽃으로 핀 수선화가 있습니다 때를 기다려 잎 키우는 원추리를 가려냈습니다

부엉이는 귀가 쫑긋 ㅂ이고요 올빼미는 얼굴이 ㅇ이라는데요
나는 굳이 뭔가를 들추려하고

스님이 커피를 내린다
일주문이 없다 사대천왕과 요사채가 없다 나는 절에서 커피를 마셔본 적이 없다

없는 것이 있는 것입니다
애써 보려 하지 않아도 보일 겁니다

지우려던 사람의 뒤가 보인다 그 앞에 손 건네는 사람 있다
수선화와 원추리는 내버려 둬도 피었다 지고

부엉이는 부엉
밤낮없다

가파도

섬 속의 섬이라 했고
키가 가장 작은 섬이라 했다

낮은 지붕에서 산 사람은 무덤도 낮아
하늘 아래 목숨 내놓는 일 또한 여여하다 했다

배가 섬의 옆구리에 우리를 내려놓듯
옆 사람이 내게 닿아 신발을 벗는다

맨발로 바닷가를 걷다가
앞에 보이는 섬 하나를 가리키며
나도 저런 섬이 될 수 있을까 물었다

여기 앉아 봐

치마에서 도깨비바늘을 떼 주던 사람이
손바닥을 펴 오래 쥐었던 섬을 보여준다

섬 속의 섬에 든다는 것은

가슴에 돌멩이 하나 매다는 일이라 쉽게 바라볼 수 없었다

해안가의 돌멩이들이
벌겋게 솟구치던 때를 기억하는지 잠시 붉었고

낮은 무덤 하나가
지는 해를 데리고 들어갔다

무릎걸음이 생기는 가파도였다

대처 방법

현수막을 보았다
"반달가슴곰과 마주쳤을 때 대처 방법"

쓸개 빠진 짐승이 가끔 민가에서 발견된다 우리가 모를 뿐 생각보다 가까운 곳에 그들은 살고 있다

1. **멀리 곰이 있는 경우;**
가던 길 어서 가시라고 나는 내 길 간다

2. **가까이서 곰을 만났을 경우;**
데려다 아침부터 먹인다 가슴의 반달이 보름달이 될 때까지
쓰레기통을 뒤지기 전
"점심 약속 있어 나가요
곰국은 덜어서 뎁히고 마늘장아찌 국물은 잘 닦아야 해요
굴풋하면 냉동실에 쑥개떡 돌려 드시고"
곰돌이 쿠션과 리모컨을 가지런히 테이블에 올려둔다

3. **곰이 공격을 해올 경우;**
미련 곰탱이가 감히 어딜!

또는
잽싸게 누워 죽은 척한다

※ 혹시 모를 경우를 대비해 창애를 준비한다
'주말에 시골에 다녀올까요?'

* 굵은 글씨는 현수막을 그대로 옮겼다.

번개탄

길 건너
한 아이의 비눗방울이 자전거의 뒷자락을 밀고 가는 밀림과 매달림 사이

모자를 눌러 쓴 남자가 편의점으로 들어선다 스스로 열리는 자동문이 남자의 편의를 도와

극단적으로 열리고

진열대엔 유통기한 임박한 삼각김밥과 1회용 도시락과 숙취 해소에 좋다는 2+1의 헛개나무 음료가 보이고 오른쪽으로 돌아서면 컵라면

아래에
번개탄

청테이프 친 차 안의 삶을 믿으려 하겠지만
CCTV 속 너의 뒷모습이 마지막일 수 없어

부른다 불러 본다

누가 그러더라 너 없이 천 년을 혼자 사느니 너와 하루를 살겠다고 그건 나의 애창곡인데

너 없는 천 년에 너 같은 사람을 천 명은 만날 거라고 이 죽일 놈의 삶과 머리를 맞대고 끄덕이는 게 보이니

눈 깜짝할 새 아니겠니?
네가 본 그 소리 소문 없는 불꽃이란 게

■ 당선 소감

기도하는 손 있습니다.

많은 것을 비운 듯 모아도 채워지지 않는 손바닥,
매일을 그러모읍니다. 건넵니다. 다시 비워집니다. 이젠 그 안으로 바람이 드나듭니다. 솔 향이 납니다.
어쩌면 소나무였을 겁니다.

굽은 등,
거친 피부,
어머니였다가, 소나무였다가, 나였다가, 그 어떤 것도 아니었다가, 모든 것이 됩니다.

감사합니다.
정읍엘 한 번 더 다녀가라는 어머님의 목소리로 듣겠습니다.
같이 불러주신 심사위원님께 감사드립니다.

소나무가 되겠습니다.
더욱 푸르게 글 쓰겠습니다./조복희

제2회 賞春文學賞 공모전에 응모된 작품은 시와 수필 합하여 459편이다. 시 부문 본심에 오른 작품은 21명이었고 수필 본심에 오른 작품은 16명이었다. 먼저 좋은 작품의 창작을 위해 상당 시간 동안 고민했을 응모자의 고뇌에 위로를 전한다. 답지한 작품의 심사는 공정성을 위해 예심(시 부문 서덕민, 나혜경 시인/수필 부문 전오영, 이지혜 수필가)과 본심(시 부문 복효근, 유강희 시인/수필 부문 라환희, 배귀선 작가)의 과정을 거쳤다.

시 부문 작품은 주제와의 부합성, 언어의 참신성, 새로운 시선에 주안점을 두고 오랜 시간 논의를 거듭했다. 그 결과 주제를 잘 드러낸 작품에선 상대적으로 언어의 참신성이 부족해 보였다. 역사적 배경과 인물의 사실적 기록만을 전면에 내세운 나머지 언어 미학적 측면이 소홀히 다루어진 점이 아쉬웠다. 이는 주제에 대한 당위성만을 강변하는 모양새가 되어 시의 맛을 떨어뜨리는 요인이 되었다.

수필 부문은 문법적 요소의 미흡이 아쉬웠다. 수필에서 문장과 문단의 긴밀성은 기본적인 과정이며 시적 묘사와 서사의 변용 또한 매우 중요한 요소로 작용한다. 여러 응모자의 작품에서 문장과 문장 간 호환 그리고 시제의 불안정에 대한 개선점이 엿 보였다. 수필 응모자 모두 무형식의 형식에 즈음한 장르 초월적 수필 창작이 되었으면 하는 바람이며, 작품의 신선함은 대상에 대한 사유의 깊이에 비례한다는 것을 새겼으면 한다.

시 · 수필 부문 공히 관념어와 한자의 남발도 문제로 지적되었다. 또한「상춘곡」과「정읍사」에 대한 문제의식 없는 짜깁기는 지양되어야 할 지점으로 판단되었다. 신선한 언어 감각과 새로운 해석이 돋보이는 작품이 간혹 눈에 띄었으나 그 작품들 역시 주제의식이 미약했다. 賞春文學賞 응모 주제와 동떨어진 경우가 여기에 해당하며, 어떤 작품은 동어반복에서 벗어나지 못한 채 언어유희에 갇혀 있었다. 감각적 표현 뒤에 따라붙는 설명적 진술도 아쉬운 부분 중 하나였다. 그러나 수상에 든 작품들은 대체로 응모 주제와 언어 감각이 균형과 조화를 이루고 있었다.

대상작으로 선정된 조복희 씨의「입춘」은 우리말을 맛깔스럽게 구사하면서도 시적 비유와 상징을 놓치지 않고 있었다. 간혹 익숙한 이미지가 보이긴 했지만 함께 보내온 다른 작품도 고른 수준을 보여주어 믿음직스러웠다. '정읍 무성서원'이 유네스코에 등재된 만큼 차 회 賞春文學賞 시 · 수필 응모작은 지역적

협소를 넘어 문학 이면의 세계가 좀 더 깊고 넓게 배태되었으면 하는 바람이다. 수상자 모두 축하하며, 賞春文學賞 입상을 계기로 문학의 지평이 확장되길 기대한다.

賞春文學賞 심사위원장
배귀선

| 제2회 賞春文學賞 수상작품 |

운문부

최우수상 배정은

우 수 상 박봉철
황영애

장 려 상 박익산
김호삼
김회권

수풀에 우는 새는 춘기를 못내 계워

■ 최우수상

은행나무

배정은

천년 무성서원에
늙은 은행나무가 있습니다
할아버지 옛이야기 속에도
자주 등장했었지요

천하를 주유하시며 공자님이
은행나무 아래에서
세상 사는 지혜를 펼쳤다지요

현가루 뒤
은행나무 아래에서도
고운孤雲과 불우헌不憂軒이
세상 걱정을 했을 겁니다

하늘 높은 줄 알아야 한다,
서로서로 도우며 살아야 한다,
일렀을 겁니다

거문고 소리 끊이지 않고

노랫소리 드높은 곳,
자유子遊의 땅 무성武城에
잘 늙은 은행나무가 있습니다

깍 깍,
까치가 날아듭니다

■ 근작 시

봄날, 간다 외 1편

[Web발신]
우리카드(9797) 승인
김*수 님
4,500원
03/05 06:48
GS25뱅뱅사거리점

아침마다 편의점에서
끼니를 때우는지 담배를 사는지
일면식도 없는 문자가
오고 또 온다, 벌써 반년째
막무가내다

매달 한 번 역삼동 준헤어샵에 가고
3개월마다 스타휘트니스 선릉점에서
카드를 긁는다

지난주엔 강남 교보문고에 갔다
무슨 책을 샀으려나,

밥값은 매번 일 인분을 넘지 않는다
싱글인 게 틀림없다

루틴한 일상 *수 씨 소식이
웬일인지 뚝, 끊겼다
짜증 나던 문자가 궁금해 괜스레
짜증이 난다

서른여덟 봄날, 간다

아암

아니 이게 누구여, 별일 없고? 나? 그냥 그려, 아침에 눈 안 떴으면 좋겠당게 직원들 다 내보냈당게 주방 언니하고 간신히 버티고 있는디 월급이 반년 치나 밀렸어야, 이제 주방도 내가 볼 참이여 아 이놈의 코로나는 언제까지 돌래나 원, 참 우리 식당 앞 고운양품 알제? 아저씨가 간암인가 위암인가 걸렸다 가게문 닫고 간병한다더라고, 나도 화병인지 가슴이 꽉 맥혀 밥도 안 넘어 가는디, 뒤뚱거리는 손주 새끼 보면 생각이 참 많네그려 할미 손에서 크는 게 안쓰러워서, 고놈 대학까진 보내고 죽어야 허는디…… 버티다 보면 수가 생기고 시장바닥도 다시 복닥거리겄제 동생 전화 받응게 기분이 좀 낫네그려, 금방 봄날 올 거시여 아암

■ 우수상

봄

박봉철

봄이라서, 보는 시선일까,
아니면 붊이라서 부는 바람일까

소리 소문 박자를 깔고 울긋불긋한 표정을 품고
사방으로 흠씬 젖은 안색이 밝아오면
둥그런 풋것들의 벅찬 근육과 싱싱한 이슬
불쑥 내밀다 만, 안간힘에
숨가쁜, 문장이 기쁘거나 가뿄다

철들어 가는 계절
돌멩이를 차대는, 맨발이거나 만발
잠방이 일으키며 들키는 상춘의 틈새
그러니까 잎사귀의 젖무덤을 벗어나
출렁이는 발악들이
한나절을 잉태한 물컹대는 어귀에
서너 됫박, 걸신의 초록을 켜는
입맞춤이 술렁인다

뿌리처럼 깜깜했던 시절

과묵하고 널브러진 사지를 벗어나
뙤약볕 가득 꾸벅대던, 꽃그늘에 젖어 들면
어느새 입적한 햇빛들이
물오른 가랑이 그늘 곁가지 치며
땀 밴 무릎 해찰하는 걸까

한 끼의 젖은 소문을
잎겨드랑이 벼랑에 쏟아내고,
다른 끼의 마른 풍문을
도화지 고랑에 엎지르는,
골놀한 생각에 진물 끼얹는 연초록 바람

떨군 비린내를 휘감은 가지들의 행간
혼곤한 몸살 기슭에
불쑥 신명을 지피는 봄 댓글
몸 젖어 본다, 이 봄 혹은 붐을

■근작 시

석탑은 더불어 존재한다

이끼의 문장을 가진
기상과 바람이 늘 들락거린다
세월에 허물어지지 않고, 검붉은 고집을 부린다

온몸을 선뜻 일으키며
어느 골똘한 거동을 사수하고 있을까
첨예한 층을 받들다 안은
메마른 탱주에 발을 동동 구른다

온 생각을 둘러앉아
선 채로 담긴 얼과 기상
비릿한 몸 안쪽을 떠받쳐, 각진 허공을 펼친다

탈골의 뜨거운 복음을 삼키며
가슴까지 이슬을 끌어다 품은 전각
천여 년 그늘을 키우며
숨차게 형상을 넘나든다

닳은 돌이라도 애닳아, 기꺼이 일어선 문장

수직으로 힘겹게 뻗어 온 그을림 속에
빠져나가지 못한 돌들은
허공의 벽, 물어다 놓은 울음일까,

석탑은 무한히 열망한다
어깨를 걷어 올리며 전각을 펼치지만
내심 벗어날 수 없어 뜨거웠던, 그을린 의식들
꽉 잠긴 심지들이 무릎을 안아
층층 바람, 마디마디 일어난다

■ 우수상

불발탄

황영애

밖은 발아한 꽃들이 공포탄으로 펑펑 터지고
나는 안에 갇힌 채
매일 터지지 않는 불발탄을 먹어야 했다

퉁퉁 불어터진 입술
썩은 곱창 같은 냄새
절인 키스 맛이 나는 타액
말라비틀어진 하품도 함께

창문을 닫는 건 식도를 꽉 다무는 일
귀를 닫고 코를 닫고 울음을 함구하는 일
내가 나를 고립시키는 일
장례식장을 검색하고 묘비명을 생각했다
나는 차츰 숨 멈추는 연습에 익숙해져 갔다

나만 그런 것이 아니었다
모두가 불발탄을 먹고 있었다
배달된 택배 위에 수북이 쌓인 먼지가
곡비哭婢 같았다

미확인 비행물체에 감염되는 공포에
모두는 입을 틀어막고 숨을 참는 연습에 몰입할 수밖에

아찔한 봄날이었고
창궐하는 참언을 견디며
징후를 발설하는 날이 계속되었으므로

고립무원까지 펑 터지는 봄의 불발탄
꽃의 곡 같은,

■근작 시

꽃 범벅

어서 오세요
함께 꽃물 들이러 가요
타라미수 같은 부드러운 바람이
가벼운 문장을 읽어 줬어요

꽃 범벅에 앉아 투명한 미사를 드려요
생크림을 얹은 목련의 향긋한 슬픔을
딸기 시럽을 뿌린 영산홍의 치명적 유혹에
입술을 맞춰 봐요

꽃잎에 부딪혀 폭죽처럼 터지겠어요
가슴이 불덩어리예요
시리우스성을 삼켜 버리기 전에
꽃의 목 뒤에 송곳니를 꽂기 전에

어서 오세요
신호등 앞에서 파랗게 질리거든
아찔한 곡예를 해서라도

내게 달려오세요

완전한 당신을 색인하고 싶어요

■ 장려상

알량한 날씨는 봄비를 품고 온다

박익산

참 알량한 날씨라 했다
논 일을 잡아야 할지
장에 낼 채소를 따야 할지

먹먹한 하늘,
금방이라도 울음보가 터질 듯했다
마법사처럼 나는 우산을 꺼내 들었고
후두두
거짓말같이 봄비 떨어졌다

상추 안 따길 잘혔지
쪽파는 더 실혀지겄네
머릿수건 벗어 할머니는
빗소리 같은 혼잣말을 털어냈다

밀가루 반죽 곱게 밀어
팥칼국수 한 그릇의 풍경이 된 날
알량한 날씨는 봄비를 품고 왔다

고향의 봄

김호삼

매일 보는 고향보다
명절에 한 번 보는 고향이 더욱 애틋하듯
이미 와있는 봄보다
긴가민가 얼비친 봄이 봄이지요
기력이 빠져나간 연어보다
물살의 고삐를 틀어잡는 연어가 연어인 것처럼
활짝 핀 꽃에 내려앉는 봄비보다
씨앗에 내리는 비가 초경 앓는 봄비지요
해마다 오는 특별한 것 없는 봄이지만
첫차에 몸을 실은 설렘이 칠보의 봄이지요
햇살에 취해 길가에 주저앉은 헤벌어진 목련보다
제 몸 가누지 못하고 바람의 바지춤 붙들고 비틀거리는 개나리보다
성황산 모퉁이 진달래
그 수줍음이 봄꽃 아니겠어요
고샅에 함부로 드러눕는 볼썽사나운 햇살은
볼 장 다 본 봄
아직은 얼음이 살아있어 움츠린 마음에 난로를 두지만
잊지 않으려 마음에 간직하는 봄

기다리고 기다리다 마중 나가는
바로 지금이 고향의 봄이지요
고대하던 비가 오네요
우산도 받지 않은 지상
폐부를 열고 묵은 얼룩을 일제히 씻어냅니다
메마른 내 웃음도 연둣빛 속살을 발랄하게 드러냅니다

무성서원, 그 천 년의 향기

김회권

어디선지 산비둘기 애타게 운다
비 그친 서원 지붕 위로
옷고름 같은 무지개 한 자락 곱게 걸려있다
누가 지금 오는가 보다
저기 오래 걸어 도포자락에 묻은 흙먼지 훌훌 떨며
정문 현가루 쪽으로 들어서는 이
대청마루 가부좌 틀고 경을 읽던 유생과
서원 앞마당에 쪼그리고 앉아
밤톨만한 돌로 공기놀이하는 어린 학동들
빛나는 눈빛에 한달음이다
세상의 소란 따위 근접 못 할 무성서원
앞 개울물 혼곤한 잠에 깨나고
뒤 성황산의 귀 익은 꿩 우는 소리
경쾌히 음향 뿌리며 후룩 날아오르고
서원 뜨락에 무심히 피어난 키 작은
들꽃 한 송이
천 년 전에 품었던 향기 그대로
다정도 하게 허리 숙여 해운海雲*을 맞는다
누가 알아보리, 단아하고 장중한 얼굴로

행장을 풀고 붓과 벼루를 꺼내어
단숨에 일필휘지하는 그를
그러다 어느 날 문득
토해내고픈 삶의 역겨움 그리고 고독
어쩔 수 없게 뚝뚝 분질러지는 소리에
날지 못하는 타조마냥 얼마나 외로웠을까
끝없는 방랑과 은둔 애달프다
깊은 바람에 묻히었나 그이 행방 묘연하다, 다만
어느 노을 진 석양 무렵이던가
울어 울어 신에게로 날아오른
산비둘기 한 마리가
얼핏 긴가민가 그 보았다는 소문만 짜할 뿐

* 최치원의 호.

예심을 거쳐 본심에 올라온 작품 중 수상작을 놓고 가장 주목해서 본 점은 크게 세 가지다. 첫째 주제와의 부합성 여부, 둘째 언어의 참신성, 셋째 새로운 시선 등이었다. 이러한 점을 고려해 오랜 시간 논의를 거듭했다.

주제를 잘 드러낸 작품에선 상대적으로 언어의 참신성이 부족해 보였다. 역사적 배경과 인물의 사실적 기록만을 너무 전면에 내세운 나머지 문학 작품이 지녀야 할 언어 미학적 측면은 결과적으로 소홀히 다루어졌다. 이점은 주제에 대한 당위성만을 강변하는 모양새가 되어 시의 맛을 떨어뜨리는 요인이 되었다. 한자 말의 관념어와 작품 인용의 남발도 눈에 거슬렸다. 시의 무게감은 언어 자체의 무게감에서 오는 것보다 사유의 깊이에서 온다는 것을 되새기길 바란다. 상춘곡과 정읍사의 구절을 아무런 문제의식 없이 그저 짜깁기식 수준의 인용은 작품의 독자성을 고려하지 않은 소산이다.

이에 반해 신선한 언어 감각과 새로운 해석이 돋보이는 작품은 주제의식이 약해 보였다. 〈賞春文學賞〉 응모 주제와 동떨어진 경우가 여기에 해당된다. 날렵한 언어 뒤에 한 알의 씨앗처럼 숨긴 의미가 빛을 발할 때 그러한 감각과 시선도 함께 빛을 발할 것이다. 어떤 작품은 동어반복에서 벗어나지 못한 채 언어유희에 갇혀 있었다. 또한 시의 가장 큰 매력은 여백의 미라고 할 수 있는데, 감각적 표현 뒤에 습관처럼 따라붙는 설명적 진술도 아쉬운 부분 중 하나였다.

수상작에 든 작품들은 대체로 응모 주제와 언어 감각이 균형과 조화를 이루고 있었다. 특히 「은행나무」는 오늘의 은행나무를 통해 과거의 성현의 가르침과 의미를 미래의 비원으로 연결시키고 있는 점이 예사롭지 않았다. 자연스러운 호흡과 가락도 눈길을 끌었다. 다만 각 연의 전개에 있어서 좀 더 과감한 변주와 가락을 주문하고 싶다. 「입춘」은 우리말을 맛깔스럽게 구사하면서도 시적 비유와 상징을 놓치지 않고 있었다. 간혹 익숙한 이미지가 보이긴 했지만 함께 보내온 다른 작품도 고른 수준을 보여주어 믿음직스러웠다. 수상자 모두 "새로운 방향의 화살표가 그려"지길 기대하며 축하드린다. /심사위원-복효근(시인) 유강희(시인)

| 제2회 賞春文學賞 수상작품 |

산문부

최우수상 진상용

우 수 상 김지영
박연식

장 려 상 유진선
박선미
정택은

조화신공이 물물마다 헌사롭다

■최우수상

어머니의 상춘곡賞春曲

진상용

매듭 없는 계절이 봄으로 바뀐 만큼 햇살도 제법 따사로워진 휴일 오후.

오랜만에 어머니를 모시고 산에 가기로 맘먹었다. 구순九旬 앞둔 연세이고 거동이 불편한 데다, 두어 해 지속된 거리 두기 방역 시대를 거치느라 은둔생활에 익숙해진 안방 노인네한테 생생한 자연 풍경을 보여드리고 싶었다.

7년 전. 새로 이사해 온 아파트가 북향으로 돌아앉은 걸, 짐 다 옮겨 놓고도 여러 날을 지내고 나서야 알았다. 하지만 베란다 창문을 통해 인근 원적산이 마주 보여서 다행이었다. 별로 높지 않은 산봉우리와의 대면으로 시작하는 아침은 늘 상쾌했다.

어머니도 불편한 몸을 움직여 베란다로 나가려 애쓰시는데 통문을 열어 맑은 바람을 쐬거나, 자투리 햇살 그리워서만이 아님을 한참 뒤에야 알아챘다. 비좁은 고층아파트이지만 동선이 젤 편한 안방을 내드렸음에도 발코니에 집착하시는 이유가 사철 변해가는 자연 풍경을 감상하기 위해서였던 거다. 고향을 벗어나 '도시민' 소릴 듣고 사는 지 오래, 건강 문제로 직접 산에 오를 수 없으니 창문 너머로나마 앞산 구경을 낙으로 삼으셨으리.

하지만 재작년 어느 날부터 아파트들이 속속 들어서더니 탁 트였던 전망을 가로막아버렸다. 베란다 밖으로 마주 보이던 원적산이 시야에서 사라지고 만 것이다. 꼭 그래서라고 단정 짓기 뭣하지만, 그즈음부터 어머닌 정신마저 더 흐려졌다. 소꿉장난을 즐기는 너덧 살배기 어른에, 당신 혈육들조차 점점 기억 밖으로 밀려나곤 한다.

승용차를 산 밑 주차장에 대놓은 뒤, 어머니를 휠체어에 옮겨 태웠다. 산책로를 따라 휠체어를 민다. 이맘때면 어떤 산인들 싱그럽지 않으랴만, 잘 자란 나무와 꽃들을 바라보시는 어머니 시선에 생기가 돈다. 애틋한 눈길이 한동안 아파트숲에 가려 보이지 않던 산봉우리를 향한다. 아, 예전처럼 다리가 튼튼하다면 훌훌 앞장서 오르실 것을.

모진 겨울 끝나고 산내들마다 봄별이 감돌기 시작한 열서너 살의 어느 날.

엄마랑 같이 사방공사에 참여하게 됐다. 호미랑 삽을 챙겨서 남들 뒤를 따라나섰다. 지난번 산불에 그을린 민둥산에 잔뿌리 빨리 내리는 묘목들을 심거나, 닥쳐올 여름 장마철에 산사태가 나지 않도록 축대를 쌓고 떼를 입히는 작업이다. 이틀인가 하면 밀가루 한 포대씩 준다는데 둘이 나왔으니 곱빼기 식량이 생긴다.

사방사업은 산림녹화와 빈민구제를 겸하는지라 마을 사람들끼리의 자치 울력과 다를 바 없어서 나처럼 어리거나, 지팡이가 자식보다 효도하는 상노인을 빼면 일머리를 잘 아는 장정들이 힘을 쓰기 마련이다. 어른들 뒷전에서 잔심부름을 하다가 점심때가 됐다. 펑퍼짐한 델 골라 음식 보퉁이를 풀어놓는 사람들을 피해 계곡 쪽으로 내려가는 엄마를 나도 뒤따랐다.

"점심 안 먹고 어디들 가?"

"집에 가서 먹고 올래요."

끼니 못 챙겨 온 속사정을 숨긴 채, 골짝 샘에서 목을 축인 우리 모자가 가파른 기슭을 오르내리며 햇나물을 뜯는다. 엄마 허리에 묶은 행주치마 자락이 산나물로 채워진다. 웬만한 여자들 못잖게 나물을 잘 아는 나도 같이 거든다. 곰취, 원추리, 삽주나물…… 봄철마다 산나물 덕분에 우리 식구들은 목숨을 이어갈 수 있었고 그래서 난 먹어도 되는 풀인지 아닌지를 구별할 줄 안다. 양쪽 손아귀에 가득 차면 엄마 치마폭에 옮겨 담는다.

나물을 묵직하게 거둔 엄마와 내가 일자리로 돌아왔다. 밥 다 먹은 사람들은 빈 그릇을 보자기에다 쌌고, 남자 두엇은 양지쪽에 누운 채 토막잠이 들었다.

"양을 적게 챙겨온 데다 입은 여럿이라 넉넉히 안 돌아가네. 맛이나 봐요."

기와집 구장댁이 감자떡 두 개를 남겨놨다가 손 각각 들려준다.

"다 잡숫지 그랬어요. 방금 숟가락 놓고 왔는데."

머쓱해서 건네받는 엄마, 난 두 손으로 받아든 떡을 입에 넣고 깨물었다. 턱관절이 마치 녹슨 가위처럼 뻑뻑하고 침샘은 금방 터질 것 같다. 하루 꼬박 넘기고서야 먹이다운 걸 입에 넣어본 셈이다. 다 먹길 기다렸는지 엄마가 당신 몫의 떡을 슬며시 건넸다.

"엄만 속이 거북해서 안 넘어간다. 너 다 먹어라."

받은 떡 귀퉁이를 떼어먹는 척하고서 주머니에 넣었다. 집에 있는 동생들이 생각나 차마 혼자 먹어치울 순 없었다. 땅을 파고 묘목 한 그루씩 심을 때마다 눈물이 툭툭 떨어져 마른 뿌리를 적신다. 이제껏 숱한 굶주림의 고비에 맞서 온 터였지만 가난이 이토록 서럽긴 처음이었다. 오랜 중병으로 누워 지내는 아버지, 가장 역할을 대신하는 엄마 모두 원망스러웠다. 일을 마친 사람들이 모두 돌아간 한참 뒤에야 난 산에서 내려왔다.

먼저 도착한 엄만 풋나물을 삶는 중이다. 이미 다 데쳐서 찬물로 헹궈 맷방석 골고루 펴 널어놓았다. 아직 묵나물 챙겨두기엔 이르지만 엄마는 돌아올 겨울을 대비하고 있다. 그 모습을 지켜본 나는 이제껏 참은 속울음을 꿀꺽 삼키고 만다. 주머니 속의 떡을 꺼낸 뒤, 흙먼지를 대충 털어내고 동생들에게 한쪽씩 떼어 나눠주었다.

희망은 어려울 때일수록 더 가까이 오는가. 사방공사 일한 대가로 곧 밀가루가 지급됐고, 마을 복판의 느티나무도 떡잎을 피우기 시작했으며, 우리도 푸른 생명을 이어갈 수 있게 되었다.

하지만 여섯 집 중 두 집은 그 해를 채우지 못하고 마을을 떴다. 수확의 계절인데도 별다르게 거둬들일 것 없는 가을, 인고의 한계를 시험하듯 예년에 없이 더 혹독한 겨울이었다.

다시 봄이 오고 어머니랑 산에 올랐다. 산에 의지할 수밖에 없는 계절이요, 그런 시절이었다. 아, 멀리서 볼 땐 다 죽은 듯하던 나무 그루터기에 작은 새순이 돋고 있었다. 그 밑 움푹한 그늘에선 곤줄박이가 둥지를 지어 하얀 알을 품는 중이었다. 드문드문 뿌리를 악착같이 간수한 봄나물들이 생명의 싹을 밀어 올린다. 똑똑히 보았음에도 모른 척, 지나치는 엄마처럼 나도 뜯어 담지 않았다. 그 등성이를 넘어 남들 발길 닿지 않는 고샅

비탈에 가면 온갖 풋것들이 지천일 것이므로.

자식만은 넓은 바깥세상에 나가서 살라는 엄마 소원대로 일찌감치 좁은 골짝을 벗어나긴 했지만, 마음처럼 쉽지 않은 내 자리를 찾아 옮겨 다니기 수십 년. 지금은 원적산 멀찍이 바라보이는 도시 변두리에다 삶의 뿌리를 내렸다.

쉼터 한쪽에 휠체어를 세워두고 어머니를 업었다. 뼈가 잡히도록 야윈 어머니 몸은 삭정이마냥 가볍다. 등산로를 손질해놓기는 했어도 육십 줄 나이와, 무릎관절 부실한 내가 어머니를 업고 오르기엔 만만치 않을 만큼 비탈이 가파르다. 산의 절반도 못 올라왔는데 다리가 후들거리고 가쁜 숨이 턱을 치받는다.

내 어릴 적 별명은 '어붑이'였다. 혼자 걸을 나이가 훌쩍 지나도록 엄마 등에 업혀 다닌다 해서 놀림 삼아 그렇게 불렀다. 대여섯 살 넘어서도 툭하면 억지 떼를 썼지 싶다. 땀내 듬뿍 밴 엄마의 등은 세상에서 가장 편하고 의지 되는 안식처였다. 하지만 내 어머니를 업어본 게 언제던가.

어머니를 중턱께 쉼터 의자에 조심조심 앉혔다. 숲 냄새 가득 묻은 봄바람 한 줄기가 상쾌하게 분다. 쉬었다 오르기를 한참 만에야 정상을 밟았다.

불끈 솟은 산봉우리에서 고향 쪽으로 뻗어 나간 도로가 보인다. 유료터널과 지하철에 앙가슴 뚫린 원적산은 '숲세권'이란 명분까지 만들어 낸 사람들의 손에 곳곳이 파헤쳐지고, 사방으로 탐욕의 돈벌레한테 갉아 먹히는 중이다. 참나무 등걸처럼 단단하던 육신 곳곳이 삭아버린 채 점점 옛 자태 잃어가는 어머니 모습처럼. 하지만 수십 년 지나도록 몸이 기억하고 있는 봄의 계절병과, 그곳에다 떼어놓고 왔어야 할 땅 집착증이 야윈 힘줄 속에 아직 남아 있으리.

노을에 쫓기듯, 산 등을 타고 내려온다. 올라갈 때보다 결코 만만찮은 하산 길. 자식 등에서 쪽잠 드신 어머니의 숨결을 들으니 다리는 무거운데도 마음은 가뿐하다. 작정하면 쉽게 오를 산이 곁 내주듯 하는데도 그동안 참 무심하였고 이런저런 변명거리가 많았구나.

쐐기 박듯 장담이야 못 할망정 가끔은 짬 내 볼 일이다. 신체 회춘回春이야 불가능하겠지만 향수鄕愁 깃든 봄꽃과 가을 단풍을 보여드려야겠다. 나 같은 게으름뱅이들 핑계 삼지 못하도록 고향 뒷산이 가깝게 자릴 옮겨와 기다리고 있으니.

■ 근작 산문

미음완보微吟緩步로 살기 외 1편

글머리 시작부터 가정사를 들거서내자니 뭣하지만, 우리 부부가 한 살림을 꾸린지 올해로 39년째다. 가슴 허전한 청춘끼리 맨몸과 빈손으로 만나 '돈보다 사랑이지' '함께 노력해서 남부럽지 않게 살자.' 뜬구름 같은 약속을 주고받으며, 물살 위의 종이배처럼 흘러온 세월이었다.

나날이 꿈결인 듯한 신혼시절의 봄날 휴일. 아침 설거지를 끝낸 아내가 눈에 잘 띄도록 동그라미 표시해둔 달력을 가리키며 물었었다.

"자기, 며칠 있으면 우리 첫 결혼기념일인데 어떤 선물 줄 거야?"

"그날 당신 혼자서 결혼한 게 아니지. 내가 축하선물을 하면 그대도 답례를 해야 되잖아. 주고받은 걸로 퉁 치자고."

진담과 농담을 얼버무려 대꾸하자마자 정색 무릎맞춤으로 다가앉는 아내.

"지난 1년 동안 가정을 꾸려놨으면 작은 성의 표시라도 해야 맞잖아? 앞으로 해마다 만 원씩 늘려서 선물 준다고 문서로 남겨."

젊은 패기인지, 괜한 허세인지, 임기응변이었는지 명확하진 않으나 난 아내의 공식 요구사항 외에 (40주년에 부부동반 세계일주

여행할 것을 약속함.) 부가 조항까지 덧붙인 자필 각서를 썼고, 오른쪽 엄지손가락에 인주를 듬뿍 묻혀서 지장을 찍었다.

달봄마을 단칸방에서 작은 쌀독을 제때 채워놓기도 만만찮은 살림이지만 1만 원 액수 맞춘 선물을 건넸고 다음 해는 2만 원, 5년 뒤엔 5만 원. 그렇게 몇 년은 제대로 기억하며 약속을 지켰다. 결혼 초부터 맞벌이하다 보니 아내가 나한테 더 정성 쏟긴 할망정.

거기까지였다. 6 · 25 전쟁 와중에 태어난 우리 연배 중에서 시작부터 풍족한 생활 누리고, 위기 몇 번씩 안 겪은 부부가 얼마나 되랴만, 스스로 밝히기 뭣한 고백을 하자면 우리 역시 여러 차례 풍파를 겪으면서 인생 반환점까지 왔다. 쥐려 한들 손안에 들어오지 않는 금전이야 그렇다고 해도 잔재미건 큰 감동이든 모르는 척, 언젠가부터 기념일 따위를 기억에서 지워버린 터다.

지난봄, 그동안 무던하던 아내가 벽에 걸린 달력을 쳐다보며 말 붙였다.

“저 동그라미가 뭔지 기억해?”

“당신한테 면사포 씌워준 날을 모르면 되나.”

“그래서 하는 말인데…… 금년부터 결혼기념일 약속 복원합시다. 여럿 모인 자리에라도 끼면, 난 무슨 선물 받았네. 난 어쨌네. 돌아가며 자랑하는 소리가 점점 부러워진다니까. 궁상만 떨며 살 게 아니라 나도 다른 사람들한테 내세울 얘깃거리 하나 만들어달라고요. 그동안 건너뛴 건 빼더라도 올해가 39주년이니 39만 원짜리 선물 줄 차례 맞지?”

"그러고 싶지만 내가 비상금이나 숨겨놓는 사람도 아니고…… 아무튼 심야 부업이라도 해서 성의를 보여줄 테니 기다려 봐."

"결혼기념일에 기절해도 괜찮으니 약속 꼭 지키소."

(상대방이 듣기에 좋은 말부터 해주자.) 그동안 터득한 부부 대화술이 일단은 먹혔다. 자기 손으로 가계부를 쓰면서 무리한 기대야 안 할 테지만 말이 나온 김에 나름의 마음 준비를 해뒀고, 아내는 옛 신혼 시절로 돌아간 것처럼 여러 날을 설레어 보였다.

행진곡에 발맞추어 나란히 손잡고 카펫을 걸었던, 드디어 그날이 왔다.

끝이 보이지 않는 코로나19 사태로 어렵사리 잡힌 건축현장 일을 하러 새벽밥을 먹는 둥 마는 둥, 현관문을 나서는데 아내가 평소보다 넉넉한 용돈에다 어색하게 들리는 아양을 듬뿍 보태서 배웅한다.

하지만 일이 꼬이는 바람에 작업이 지연되었고, 그 보상으로 마련된 저녁식사 겸한 술잔 돌림을 뿌리칠 수 없어 귀가가 늦어지고 말았다. 동네 근처에 와서야 선물 생각이 나서 다행, 마침 문 열어둔 가게에서 건강보조식품을 구입한 다음, 싸늘한 태도로 현관문 열어주는 아내 손에 건넸다.

"흔해 빠진 장미 한 송이도 없이 무드하고는…… 그리고 이게 39만 원짜리야?" "금방 시들어서 버려지는 꽃다발보다야 훨씬 실속 있잖아. 당신 요즘 밤마다 앓는 소리가 심하기에 샀으니까 날짜 건너뛰지 말고 꼬박꼬박 복용해."

"흥. 이걸로 당신 건강이나 잘 챙기셔. 내 서방 복에 뭘 바라."

"사람 참, 나도 작심하면 통 크다는 거, 공원에 같이 가보면 알아. 거기다 준비해놨으니까."

늦은 저녁식사를 마친 뒤 나란히 인근 공원으로 향했다. 사람 간에도 거리를 두고 사는 기간이 오래되다 보니 모처럼 둘만의 달빛별빛 나들이요, 회춘기回春期 낭만이다.

밝은 수은등 사이의 나무들이 제때 맞춰 핀 꽃 한 짐씩 지고 서서 온 세상에 향기를 바치는 풍경, 봄철 어느 꽃인들 곱지 않으랴마는 겨우내 벼른 듯, 한꺼번에 터뜨려놓은 조팝꽃 더미 옆 벤치에 나란히 앉았다. 아내는 깜짝 이벤트가 남아 있으려니. 잔뜩 기대하고 있을 터, 어색한 시간이 길어지기 전에 서둘러 수습해야 한다.

"저것 좀 봐. 공원에 가득한 나무랑 꽃들이 우리 결혼기념일을 축하해주잖아. 몽땅 당신 거니까 그렇게 알고 받아줘. 그쪽도 준비해둔 거 있음 내놓고."

엉뚱한 상황 전개에 어이가 없을 텐데도 그럴 줄 알았다는 듯 아내의 담담한 대답이 돌아왔다.

"갈수록 서로한테 무심한 것 같아서 좋은 날은 기억이라도 하며 살자고 그냥 해본 소리였어. 당신은 안 섭섭해?"

"괜찮아. 나야 장모님이 주신 선물로도 과분하니깐."

"오래전에 돌아가신 엄마까지 소환해가며 말장난할 분위기는 아니잖아."

"못난 사위한테 당신 같은 최고의 꽃을 선물해주셨지. 39년 전 오늘."

급히 지어낸 선심성 빈말에다가 진심을 곁들여 표현하자니 그야말로 손발이 오글거린다. 하지만 어찌 터무니없는 빈말이랴. 그동안 살면서 부족한 것 많았음에도 나보다 너를 탓했고, 자신한테 퍼부을 분노를 상대편에게 떠넘기기도 했을 터, 그럼에도 터벅터벅 뚜벅뚜벅 같이 왔고, 이제껏 곁에 있었으며 남은 길을 함께 가야 할 가장 든든한 인생 동반자 아닌가.

가장이라는 등짐을 짊어지고 보이지 않는 앞길을 헤치면서 무엇이든 잡아보려고 허우적대던 갈퀴 손으로, 내 손 못지않게 거칠어진 아내 덩굴손을 슬쩍 잡는다. 수은등 빛에 언뜻 보니, 해준 것 워낙 없는 배우자의 가르마에 어느덧 이른 서리가 내려앉기 시작했구나.

우리만의 기억일로 삼든, 남들이 축하 일로 대접해주든, 어느덧 40년을 같이 살았다. 풀과 나무들이 봄꽃을 피운 이유가 가을 열매를 맺고자 함이듯, 우리 부부도 어느덧 인생 완숙의 시기에 와있다. 부부지간의 언약은 큰 것이 아니라 소소한 행복 찾기일지도 모를 터, 작은 채움에도 만족하며 살자. 비록 '남들보다' 약속이야 어겼으되 '남들처럼' 유효기간은 아직 꽤 남아있으니.

도시 숲의 '매미 축제'

예년보다 무더울 거라던 기상예보를 어기지 않고, 잉걸불 땡볕 쏟아붓는 한여름 오후.

인공의 에어컨보다 자연 바람을 쐬는 게 낫지, 싶어 발걸음한 동네 숲길에서 매미 소리를 들었다. 반가운 마음에 나무쪽으로 다가가자 뚝 멈추었고, 멀찍이 물러서니 마무리 짓지 못해 아쉬웠다는 듯 다시 목울대를 튼다. 침입자가 아니니 안심하란 신호였을까. 여기저기서 어설프게 화음을 맞추고, 지휘자 필요 없는 합창단이 꾸려진다.

가장 짧은 기간에 득음한 저 매미들은 몇 년 세월을 은둔의 땅속에서 준비하여 나왔을 것이다. 열심히 가다듬은 최고의 노래로 드디어 그들 생애 가장 찬란한 며칠을 보내게 됐으며, 낮은 지하에서 더 높이 올라가고, 자유 누려 날고자 하던 꿈을 다 이루었다.

진작 귀를 열어야 했다. 나를 비롯해, 사람들은 왜 그동안 '매미가 운다'는 표현에 무덤덤했는지 의아할 따름이다. 새겨들으면 들을수록 울음이 아니라 마음껏 터트리는 웃음소리가 틀림없고, 기쁨의 음정이라 해야 옳지 않나 싶은데 말이다. 우울할 때 들으면 짜증 나는 잡음이지만, 기분 좋을 때면 귀에 익숙한 트로트 가락이나 판소리 한마당 같거늘.

사람 세상의 찌든 냄새가 숲으로 스며들어 향기로 바뀌듯, 도시공해 수준의 매미 소음도 숲에 들어오면 화음이 된다. 누군가한테는 시끄러운 소리지만 거기에 생명을 두고 사는 모든 것들에게 들려주는 희망의 찬가요. 청량한 자연의 소리들이 사라진 공간을 가득 채운 기계음에 대한 나름의 반항일 수도 있다.

맞다. 인간들끼리의 이해관계와 문서 따위로만 판단할 순 없는 노릇, 본디 이곳은 저네들의 영토였다. 여러 해 전에 야산 비탈을 밀어버리고 들어선 아파트단지 귀퉁이에 겨우 남은 자투리 숲을 자신들의 오랜 서식처라고 새벽부터 밤늦도록 굳세게 주장하던 이곳 매미들은 결국 도시형 곤충이 됐다.

비록 그들끼리 의탁하기에도 부족한 숲이지만 여러 마리가 한 나무에 사이좋게 붙어서 노래를 부르는 모습이야말로 소유가 아닌 공유다. 사람들의 아파트처럼 매미도 싫든 좋든 함께 모여 살아가야 하고, 여기마저 내주면 더 이상 물러설 곳이 없는 마지막 생존지대인 것이다.

온통 천적들로 가득한 세상임에도 더 목청 높여야 하는 저것들이 알에서 유충으로, 매미로 우화羽化하여 저렇듯 생애 마지막까지 소리를 낼 수 있는 확률은 얼마나 될까. 아무리 눈치 빠른 척하지만 제 노래에 취하다 보면 미운 일곱 살배기 아이의 서툰 매미채나 고사리손에도 사로잡혀 버리고, 엉성한 거미줄에조차 온몸이 묶인 채 남의 먹이가 되는 것을.

'매미는 버마재비가 노리는 줄 모르고 버마재비는 찌르레기가 노리는 줄 모른다.'는 속담처럼 귀중한 제 목숨을 걸고서 열심히 존재를 알려야 하니 먹이사슬 서열 중 가장 낮은 것들이 타고난 가혹한 숙명이다.

시대 물결 따라가는 우리네 인심도 많이 변했다. 오랜 세월 동안 들어온 매미 소리지만 낭만적 정취에서 부정적 소음으로 여기는 사람들이 늘어간다. 벌레마저도 인간이 살아가는 방편에다 판단기준을 두고서 익충, 해충 구분 짓는다. 유충인 굼벵이가 농작물 뿌리를 갉아 먹긴 하지만, 땅을 기름 지우고 일부에선 식용이나 약재로 쓰므로 익충이기도 할진대, 나무껍질에 달라붙어 수액 조금 핥아먹는 것과 소음 발생을 트집 잡으며 해충 취급한다.

임금의 익선관 뒷부분 장식을 매미 날개로 본뜬 것에서 알 수 있듯이, 옛 선조들은 남의 것을 탐내지 않는 청빈의 상징으로 매미를 꼽았다는 글을 읽은 적 있다. 어두운 땅속에서 수년간 내공을 쌓은 다음, 마침내 세상에 나와 허물을 벗으며, 짧은 생애 동안 자기 소명을 다하고 세상 순리와 때를 맞춰 죽음을 맞이한단다.

다른 곤충과 달리 자기 집을 만들지 않고, 불필요한 것도 모아두지 않거니와, 제 영역을 갖지 않은 채 살다가 조용히 자연의 일부로 되돌아가는 삶. 누군가는 그것을 마치 게으름의 상징이라 몰아세울지 모르고, 나 또한 매미를 그 이상으로 미화할 생각까진 없다. 낭만이야 잃었을망정 공생 공존은 가능하지 않겠나, 혼자만의 속마음이 그렇다.

뒷산이 높은 만큼 앞 냇물도 깊던 고향의 모든 것들엔 이름이 있었다.

산천이며 풀과 나무, 곡식들이야 그렇다 해도, 아무 데나 박힌 바위 하나까지 형상에 맞춘 불림이 있거늘 흘러가 버리면 그만인 구름이라고 모양에 맞는 이름 못 챙겨주랴. 형체 없이 부는 바람조차 지나가면 없어질 이름을 굳이 붙였다.

매미인들 다를 바 없다. 참매미, 애매미, 말매미, 풀매미, 털매미, 유지매미, 깽깽매미, 쓰르라미…… 하지夏至 무렵부터 늦가을까지 줄줄이 이어지는 소리만으로도 시절 흐름을 짐작했었다.

어느덧 굼벵이 허물을 벗어버리고 '도시 매미'가 되어 살아가는 내 성장기 추억을 가장 가까운 공원 숲에 옮겨다 놓은 저 생명들. 허무할 만큼 짧게 주어진 삶의 행복을 맘껏 누릴 수 있도록, 그들만의 축제를 실컷 즐기게끔 우리가 좀 참아야 하지 않을까. 도심의 산소 호흡기처럼 소중한 숲 자리, 아울러 매미 소리가 저토록 우렁찬 건 이곳 자연환경에 공해가 아직 덜 묻어있어 살만하다는 증거일 테니.

알량한 내 생물 지식에 의존하자면, 올여름을 잘 넘긴 매미들의 땅속 후손은 7년여 뒤에나 다시 지상으로 올라와 오래 기다린 만큼의 환희를 몽땅 쏟아낼 것이다. 그해 이맘때, 본디 그들의 영역이었던 이 공원에선 매미들의 노래자랑이 여전히 펼쳐지리.

지구를 점령하고 좌지우지할 특권이 인류에게만 주어지진 않았을 터, 인간의 탐욕에 야금야금 갉아 먹히는 자투리 숲을 여름 잠깐 빌려서 펼칠 생명들의 축제 마당 무대에, 살아오는 동안 매미보다 더 많은 변신을 거듭한 나도 해마다 훼방꾼 아닌 무료 방청객이 되어보아야겠다.

매미들이 흉볼 만큼 음치인 콧노래 흥얼거리며, 사람들의 아파트 숲으로 돌아오는 걸음이 무척 가볍다.

■ 우수상

누이의 봄

김지영

내가 살던 신도안은 아름다운 마을이었다. 계룡산 기슭으로는 맑은 개울이 흐르고 개울가에는 널따란 보리밭이 있었다. 보리가 파릇파릇 팰 무렵이면 종다리가 찾아왔다. 붉은 갈색 바탕에 검은 갈색 무늬가 있는 종다리는 파아란 하늘을 높이 날아오르며 고운 소리로 울었다.

"삐비종 삐비종."

얼마 후 종다리는 둥지를 틀고 예쁜 알을 낳았다. 누이동생과 나는 종다리의 알이 잘 있을까 궁금해서 날마다 개울가를 찾았다. 우리는 둥지 앞에 엎드려 점박이 무늬가 있는 종다리의 알을 바라보았다. 그리고는 개울에 발을 담그고 물장구를 치고 하얀 클로버꽃으로 목걸이를 만들어 누이동생의 가느다란 목에 걸어주었다.

그런 시간은 오래 가질 않았다. 우리 가족은 그곳을 떠났고 종다리와의 아름다운 추억은 가슴속에 묻어 두어야만 했다. 도회지로 이사한 후 누이는 중학교에 입학해서 먼 거리를 통학했다. 손발이 유난히 차가운 누이를 위해 어머니는 털장갑과 스웨터를 떠 주셨지만 겨울이 되면 누이는 추위에 떨곤 했다. 그러던 누이는 중학교를 졸업할 무렵 병이 났다. 먹어도 소화를 잘 시키지 못했다. 괴로워하는 누이를 옆에서 지켜보던 식구들은 병에 좋다는 약이라면 어떻게든 구해왔지만 병세는 회복되질 않았다.

그 무렵 나는 입대를 했다. 인적이 드문 최전방에서 간간이 누이로부터 오는 편지는 내게 위안이 되었다. 그러던 어느 날부터 편지가 끊어지고 내가 제대했을 때 누이는 입원해 있었다. 병세가 더욱 심해졌다. 그때 이웃에 살던 누이의 친구가 병으로 세상을 떠났다. 그 소식을 들은 누이는 "무덤 속은 갑갑할 거야"라며 눈물을 흘렸다. 누이의 그 말을 듣는 순간 그런 말은 하는 것이 아니라고 나무랐지만 내 마음은 천 길 낭떠러지로 떨어지는 기분이었다. 누이가 왜 그런 말을 했을까 두려운 마음이 들었다.

담당 의사는 수술을 할 경우 깨어나지 못할 가능성이 크다고 하는데도 누이는 수술을 원했다. 너무나 고통스러웠기 때문이었다. 수술하기 전날 밤 나는 병실에서 밤을 새웠다. 누이도 잠을 이루지 못했다. 그날 밤 누이의 모습은 참으로 아름다웠다. 하이얀 피부, 맑은 두 눈. 티 하나 없이 맑은 눈망울에는 애처로운 빛이 역력했다. 누이는 아무런 말도 없이 나를 바라보았고 나는 누이의 싸늘한 손을 꼭 잡은 채 밤을 꼬박 새웠다.

아침이 되자 누이는 침대에 실려 수술실로 들어갔다. 침대에 누워 나를 바라보는 누이의 눈에는 눈물이 촉촉하게 젖어 있었다. 수술 시간은 길었다. 저녁이 되어서 수술은 끝나고 누이는 중환자실로 들어갔다. 나는 중환자실 복도에 웅크리고 앉아 누이를 살려 달라고 하나님께 간절히 빌었다.

시간이 지나 자정 무렵이었다. 갑자기 의사들이 중환자실로

몰려가고 한 침대 주변에서 인공호흡을 하기 시작했다. 조마조마한 마음으로 누이가 아니기를 빌었다.

"하나님! 내 동생이 아니지요?"

나는 미친 사람처럼 중환자실로 뛰어 들어갔다. 나는 그 자리에 고꾸라지듯 털썩 주저앉았다. 인공호흡을 하던 의사들의 몸짓이 멈춰지고 보호자를 찾는 소리가 귓전에 들려왔다. 의사에게 다가갔다. 의사는 고개를 떨군 채 누이가 숨을 멈추었다고 했다. 그 말을 듣는 순간 눈앞이 캄캄했다. 누이가 죽은 것이다.

중환자실의 긴 복도를 어떻게 걸어서 병원을 나왔는지 기억이 나질 않는다. 그날 밤 함박눈이 내렸다. 하이얀 눈은 수북히 쌓여 발목까지 덮고 교회마다 성탄을 축하하는 화려한 불빛이 현란했다. 나는 포장마차에 들어가 큰 컵에 소주를 가득 따랐다. 술잔 위로 걷잡을 수 없이 눈물이 흘러내렸다. 단숨에 술잔을 비웠다. 그리고는 눈 위를 걸어서 집으로 돌아왔다. 집에는 어머니가 기다리고 계셨다.

"어떻게 됐니?"

고명딸을 잃은 어머니는 아무 말씀도 없이 밤새 우셨다. 다음날 누이는 한 줌의 재가 되어 종달새가 지저귀던 그 개울에 뿌려졌다. 무덤 속이 답답할 거라던 누이는 어머니의 가슴에 커다란 무덤을 남기고 떠난 것이다.

누이가 세상을 떠난 후 줄곧 누이의 꿈을 꾸었다. 꿈속에서 누이와의 재회를 기뻐하며 그것이 꿈이 아니기를 간절히 바랐다. 누이의 영혼이 이승을 떠나지 못하는지 꿈은 한동안 계속되었다.

나는 매년 봄이 오면 누이와 같이 놀던 개울가를 찾는다. 누이의 흔적이 아직 남아 있을까 싶어서다. 종달새를 알을 찾으며 하얀 클로버로 목걸이를 만들어 누이의 목에 걸어주고 싶다.

나와 누이의 그 봄이 또다시 올까?

둥지 앞에 엎드려 점박이 무늬가 있는 종다리의 알을 바라보고 개울에 발을 담그고 물장구를 치며 하얀 클로버로 목걸이를 만들어 누이의 가느다란 목에 걸어주던 그 봄이 그립다.

하늘을 높이 날며 지저귀던 종달새는 어디로 떠난 것일까.

■근작 산문

정극인의 삶과 자연

바쁘게 인생을 살다 보면 누구나 한 번쯤은 한적한 시골에서의 한가로운 삶을 꿈꾸게 될 것이다. 이러한 꿈은 오늘을 사는 우리가 꾸는 것처럼 예전에 살았던 우리의 선조들도 마찬가지였나 보다.

정극인의 상춘곡을 읽다 보면 자연을 즐기며 사는 그의 삶이 어떠했는가를 짐작할 수 있다. 관직 생활에서 벗어나 벼슬을 사임하고 고향으로 돌아가 만년을 즐기면서 안빈낙도의 삶을 노래한 정극인의 작품을 보면 그가 자연 속에서 얼마나 만족한 삶을 살았는가를 알 수 있다. 특히 그의 작품 상춘곡에는 세속에서 벗어나 욕심을 부리지 않고 유유자적한 삶이 잘 나타나 있다.

'속세에 묻혀 사는 사람들아 이 나의 삶이 어떠한가? 옛사람 풍류를 미칠까 못 미칠까. 세상에 남자로 태어난 몸이 나만 한 사람이 많지마는 산림에 묻혀 있는 지극한 즐거움을 모른단 말인가.'

정극인은 옛 선비들이 그러했듯이 욕심을 부리지 않았다. 허름한 초가 툇마루에 앉아 밤새 맑은 시냇물 흐르는 소리와 등이 굽은 소나무를 바라보고 파릇파릇 대나무가 바람결에 나부끼는 소리를 들으며 자연을 노래하며 풍류를 즐겼다. 그러다 날이 밝으면 사립문 주변을 거닐고 정자에 앉아보기도 하면서 나직이 시를 읊조리며 시인으로서의 하루하루를 보냈다. 상춘곡에서 볼 수 있는 그의 하루는 무척 보람되어 이웃들과 어울려 산에서 나물을 캐고 낚시도 즐기며 술이 익으면 두건으로 걸러놓고 이웃들과 어울려 주거니 받거니 하면서 꽃나무 가지를 꺾어 놓고 잔 수를 세며 술을 마셨으니 그 풍류는 가히 신선의 경지에 이르렀다고 할 수 있다.

그러다 화창한 봄바람이 문득 불어오면 맑은 향기를 술잔에 가득 담고, 붉은 꽃잎은 옷에 떨어지는 봄날의 아름다운 정취를 느끼면서 마을 사람들과 어울려 술동이를 지고 시냇가에 앉아 맑은 물에 술잔을 씻어 부어 들고 흐르는 물을 바라보는데 그 물줄기를 따라 복숭아꽃이 둥둥 떠내려온다. 그러니 이곳이 어찌 무릉도원이 아니란 말인가?

소나무 사이로 난 길에 진달래꽃이 피면 그 꽃을 들고 산봉우리에 앉아 산 아래로 펼쳐진 촌락을 바라보고 있노라면 안개와 노을과 빛나는 햇살이 마치 비단을 펼쳐 놓는 듯하다. 이런 가운데 정극인은 맑은 바람과 밝은 달을 벗으로 삼고 비록 누추한 초가삼간에서 살고 있으면서도 그것을 가난이라 여기지 않고 자신의 삶에 만족하며 고고한 선비로서의 숭고한 삶을 살았다.

이러한 정극인의 삶이 오늘날 높이 평가되고, 세계문화 유산 '한국의 서원' 중 유일하게 마을 한가운데 자리한 역사 깊은 '정읍 무성서원'에 배향된 것은 무척 의미 있는 일이다. 그의 작품이 오늘날 많은 이들에게 읽히고 높이 평가되는 까닭은 작품에 담겨진 그의 숭고한 정신 때문이다.

오늘을 사는 우리는 지나치게 물질에 예속되어 자연의 고귀

함을 모르고 정신적 가치가 얼마나 소중한 줄 모르고 산다. 이러한 우리에게 정극인의 삶은 커다란 교훈을 준다.

'명사 조흔 물에 잔시어 부어들고 청류를 굽어보니 떠오나니 도화로다.'

가만히 눈을 감고 맑은 시냇물이 흐르는 그곳에 복숭아꽃이 떠내려오는 풍경을 떠올려 본다. 꿈에서나 볼 수 있음직 한 무릉도원의 모습이 머릿속에 떠오르고, 그곳에서 이웃들과 더불어 안빈낙도를 실천하고 있는 정극인의 고귀한 품성이 느껴진다.

■ 우수상

자운영紫雲英꽃

박연식

가정의 달 오월, 손녀 수민이 손에 카네이션을 들리고 국도를 따라 천천히 부모님 산소엘 간다. 차창 밖 멀리 꽃잔디처럼 아름다운 홍자색 자운영이 나를 설레게 한다. 빗살 같은 푸른 보리밭 이랑이 부채 펼쳐지듯이 반원을 그리며 스쳐 가는 사이사이에, 그 붉은 빛은 내 어린 시절의 그리움이 되어 잔잔하게 밀려온다. 자운영은 꽃물결을 이루며 가는 봄을 붙잡는 듯 화사하다.

농촌에서 자란 나는 보릿고개를 넘길 때 자운영을 좋아했다. 6.25가 나던 초등학교 삼학년 때 나는 나물을 캐서 어머니를 도와드렸던 적이 있다. 그때는 대여섯 살 더 먹은 동네 언니들이 하는 대로 어디가 어디인 줄도 모르고 졸래졸래 따라다녔다. 고사리 꺾으러 노강산으로, 고둥 잡으러 선수 앞바다까지 갔다. 왕복 오십 여리 길을 걸어서 바다에 갔다가 물이 든 줄도 모르고 미처 나오지 못해 죽을 고비를 넘긴 적도 있었다. 고사리, 고둥뿐만 아니라, 언니들은 남의 자운영 논에 들어가서 눈 깜짝할 사이 꾹꾹 눌러 한 바구니를 채우곤 했다. 나는 수북하고 빽빽한 곳에서 흔적이 나지 않게 한 줌만 베어도 간이 떨려 두 번 다시 할 짓이 아니라고 생각했다.

어느 날, 그날도 언니들을 따라 멀리 아랫마을로 가서 베다가

제일 어린 나만 주인에게 붙잡혔다. 그러나 내 바구니에는 논두둑에서 캔 쑥부쟁이 나물만 밑바닥에 깔려 있었다. 천만다행이었다. 어머니께서는 뒤늦게 소문을 듣고 계집애가 조신하며 공부나 해야지 영금 한번 크게 볼 줄 알았다며 호되게 꾸중을 하셨다.

자운영밭에 비스듬히 누워 두 발을 가지런하게 뻗고 사진도 찍었었다. '추억은 영원히'라는 깨알 같은 글씨를 볼 때마다 저절로 웃음이 나오곤 한다. 명함판 크기에 대여섯 명이 찍은 흑백사진 요즘 칼라사진보다 소중하게 느껴진다.

자운영 꽃은 클로버처럼 지면을 따라 평퍼짐하게 뻗으며 채송화처럼 사랑스럽다. 나는 꽃을 볼 때마다 족두리 같은 앙증맞은 모양에 끌려서 그냥 지나치질 못한다. 오늘도 산소에 가는 개울가에서 자운영꽃을 뜯어 어린 손녀의 두 팔에 채워주었다. 좋아하는 모습이 내 어린 시절을 본 듯하다. 시계와 팔찌를 자주 만들어 차고 누가 봐 주기를 바랐던 때가 엊그제처럼 선명하다. 지금 우리 집엔 공짜로 생긴 시계가 시글시글한데, 그 시절에는 벽시계와 아버지 조끼에 은줄로 매달린 회중시계밖에 없어서 모조 시계라도 손목에 차고 싶었다.

우리 집 머슴의 아들이었던 복돌이는 소 꼴 속에 유달리 탐스러운 꽃을 베어와 눈부신 자운영 화관을 만들어 주곤 했다. 나는 내 머리에 쓰고 거울 앞에 서서 뽐내곤 했다. 때로는 학교 가던 길에 한 움큼 뜯어 교탁 위 화병에 꽂아 놓으면 머리 땋은 선생님은 하루 종일 좋아하셨다.

나는 우리 논의 자운영을 어둑어둑할 때까지 지키다가 돌아올 때마다 고개가 휘어지도록 베어 날랐다. 내가 캐 온 자운영 나물은 길쌈하는 품앗이꾼들의 허기진 배를 채우는데 알맞은 새참이 되었다. 커다란 놋양푼에 된장으로 버무린 새파란 자운영 나물과 식은 보리밥 한 덩이에 고추장을 듬뿍 넣어 착착 비벼서 먹는 재미로 긴긴 보릿고개를 슬기롭게 넘겼을 것이다. 저녁을 준비하느라 공동 우물가에 가면 새파랗게 데친 나물을 씻으면서 소담스럽게 나누어 주던 이웃 간의 정이 오늘따라 아름답게 떠오른다.

농부들은 한 이 십여 년 동안 과학영농의 빠른 기술 덕택으로 많은 수확을 올릴 수 있었다. 그러나 화학비료를 사용하고 병충해는 농약을 살포하여 땅이 점점 산성화되어 갔다. 그래서 그런지 그 흔하던 지렁이, 굼벵이, 미꾸라지, 우렁이 등과 제비, 메뚜기, 잠자리, 나비, 벌 같은 곤충까지도 보기 어렵다. 자운영 재배 농가도 점차 줄어들어 이대로 영영 꽃을 못 볼 줄 알았다. 흔하디흔한 씨앗조차 농가에서 사라질 뻔했다. 중국에서 귀화한 식물이기는 하여도 우리와 정들었는데…….

사오 년 전부턴가 땅이 죽어가는 것을 심각하게 느낀 농민들이, 유기농법으로 안전하고 맛좋은 농작물을 생산하는 지역이 많이 생겼다고 들었다. 전남의 해남에서 학사농군이 친환경특구로 제초제를 쓰지 않고 '종이멀칭'법으로 모내기를 하였다. 그뿐만 아니라 이삼 년 전부터 자운영을 재배하는 농가가 늘어났다. 정말 기쁜 일이다.

자운영은 콩과식물로 뿌리혹박테리아가 주렁주렁 달려있어 땅을 기름지게 한다고 초등학교 때 배웠다. 또 비료의 삼대 요소인 질소, 인산, 가리 중 공기 중에 있는 질소를 고체화하는 성분이 있다. 그래서 자운영초나 퇴비를 뿌린 논에는 질소를 따로 뿌릴 필요가 없다는 것도 희미하게 알고 있다.

자운영은 벼 베기 15일 전쯤 논에 물을 빼고 도개를 친 다음 씨를 뿌린다. 그 이듬해 5월 초순 꽃을 피워낸 이년생으로 검은 색 씨를 맺으며, 모심을 때 갈아엎어 녹비로 쓴다. 꽃에서는 꿀까지 얻을 수 있다. 예전에 자운영을 갈아엎은 우리 논에서 수확한 '농림 육호'나 '농림 팔호' 쌀은 최상품으로 윤기 흐르는 밥이 입안에서 살살 녹았다.

그렇게 윤기가 자르르하고 맛있는 밥은 생전 처음 먹어 보았다며 나를 선보러 오셨던 시어머님과 큰 동서는 그 쌀밥 이야기를 지금도 하신다.

쌀의 이름이 무려 2000여 가지가 된다는 보고가 있다. 풍광수토, 왕건이 탐내는 쌀, 자운영쌀, 임금님표 수라상, 함박웃음추정미, 갈매기쌀, 잠자리가 노닐던 쌀, 물레방아쌀, 신토불이 등등 이름만 들어도 절로 입맛을 돋운다.

어머니 돌아가시고 고향 찾을 일 별로 없어 이따금 이방인처럼 논둑길을 산책할 때가 있다. 논두렁 풀 사이에 씨를 뿌리지 않아도 저절로 홀로 핀 '똘자운영'을 볼 때마다 가슴 한쪽이 허전하다. 오늘 저 넓은 들판에 무더기로 피어있는 자운영 논길에 자연을 닮은 농부 서넛이 삽을 들고 도란도란 멀어지는 모습은 미덥다.

땅이 다시 살아 숨 쉬는 소리가 들리는 듯하다.

홍자빛 자운영 꽃물결에 내 풍성한 추억이 일렁인다.

■근작 산문

찔레꽃 추억

찔레꽃 하얗게 핀 오월은 돌아가신 할머니 생신날이다. 찔레꽃은 친정집 대밭 울타리 사이에서 내 친구 정은이처럼 눈이 부시도록 반짝이였다.

찔레꽃은 다섯 개의 정교한 꽃잎으로 동전 크기만큼 둥글었다. 노란 수술이 유난히 선명하며, 향기까지 은은하였다. 내가 예쁜 바구니에 꽃잎을 따오면 어머니께서는 거피한 찐 팥을 꿀로 반죽하여 밤톨만큼 뭉쳐 찹쌀 반죽 속에 넣어 꽃잎을 살짝 얹어 화전을 붙였다. 찔레꽃 화전에 오월이 뜨겁게 달아올랐다.

지지직 지지직 소리에 찔레꽃잎은 몸을 풀었다. 찔레꽃 향기가 노릇노릇 익어가는 군침 도는 나의 유년은 늘 달콤했다. 화전을 붙이는 날이면 찔레꽃 향기에 이끌렸는지 멀리서 고모들이 왔고, 직장 따라 광주에 계신 아버지가 도착하시면 연례행사처럼 꽃잔치를 했다.

어머니가 자주 고름 옥색 저고리에 풀 먹인 옥양목 행주치마를 입고 대청에서 부엌으로 동분서주하셨다. 땀에 찌든 무명수건을 벗고 낭자머리에는 은으로 만든 꽃잠簪과 봉잠 서너 개의 장신구가 아름다웠다.

보기도 아까운 화전을 나는 대밭 뒤 뜸에 사는 내 친구 정은이와 정은이 할머니께 빨리 갖다 드리고 싶어서 앞마당 대문보다는 찔레나무 사이 개구멍을 통과하면서 가시에 찔려도 별로 아픈 줄을 몰랐다. 옷과 머리카락 그리고 고사리손에 가득 차 있는 찔레 향이 가시에 찔린 아픔을 사라지게 했다.

프라이팬 위에서 뒤집는 손놀림처럼 나의 걸음 빨라졌다.

골목과 마을에 찔레꽃 향기 주머니를 풀어놓으면서 걸음을 재촉했다.

좋은 것만 보면 자랑하고 싶어 안달하고 다 퍼 주어야 직성이 풀리는 것까지 지애비 닮았다고 할머니는 미운 소리를 가끔 하셨다.

정은이는 나와 같은 반이었다. 특히 보조개가 예뻤다. 그의 오빠처럼 노래도 잘하였다. 비가 오면 왕복 삼 십여 리를 비료 포대를 같이 쓰고 학교에 갔다.

친구는 비에 맞지 않게 하려고 비료 포대를 내 쪽으로 더 씌워주었다.

함께 듣는 빗소리에 우리 우정은 한 뼘씩 더 자랐다. 서슴없이 내리는 비처럼 우리는 깔깔거렸고 빗줄기처럼 꿈 많은 푸른 물그네를 콩콩콩 탔다. 또 눈보라 치면 무명 보자기로 머리를 함께 싸매고 한 사람 눈만 교대로 보며 길을 걸었다. "어디만큼 가았냐?"이런 질문을 서로에게 하면서 인생의 안내자처럼 우리는 서로를 의지하며 매서운 겨울을 보냈던 유일한 친구다.

찔레꽃 피는 봄날이면 학교에서 돌아오는 대로 은이랑 우리 집 뒷뜰에서 소꿉놀이를 했다. 대밭 밑 양지쪽엔 나뭇가리와 볏짚가리가 무더기로 쌓여있어 아늑하였다. 몽글몽글한 흙으로 소반 짓고 하얀 꽃잎 따서 화전이라 했고, 찔레 우듬지 벗겨 숭덩숭덩 썰어서 열무김치라 했다. 봄볕을 두드리는 소꿉놀이에 뒤뜰의 오후는 늘 설렜다. 볕 한 줌, 꽃향기 한 줌으로 버무려진 아기자기한 소꿉놀이에 봄날이 깜박 졸다 깨어나기도 했다. 우리는 봄볕을 반짝 빤짝 빚어 애기꽃을 피우며 놀았다.

은이랑 나는 백자사금파리에 화전과 찔레순을 정갈하게 담아서, 꾸리 감고 계시는 할머니께 한상 차려드렸다. 냠냠 후루룩 하며 맛있다고 시늉하시던 할머니가 그만둬라, 얘기할 때는 소꿉놀이 또한 심드렁하였다. 토끼가 앞니로 풀잎 새기듯 우듬지를 조근거리면 단맛이 입안으로 고였다. 순한 찔레 향 닮은 친구 정은이가 있어 유년이 행복했다. 팔십을 넘겼지만 찔레꽃 피는 오월이 오면 서울과 광주 중간지점에서 만날 것이다.

■ 장려상

별을 켜다

유진선

세상이 온통 꽃 천지다. 짧게 왔다 가니 빨리 보라고 봄인가, 팔랑대며 앞질러 가는 아이마냥 잎보다 먼저 피는 봄꽃의 버릇없음마저 사랑스러운 계절이다. 불을 켜지 않아도 환한 봄, 강둑 꽃길에 간간이 떨어지는 꽃잎이 눈처럼 날린다.

엄마는 부엌에서 분주했다. 저녁을 먹었는데도 주전부리를 챙기고 있었다. 찐 달걀 몇 개와 팔다 남은 과자가 전부였지만 그것은 밤에 벚꽃을 보러 간다는 신호였다. 며칠 전 바람 쐬러 가자는 아버지의 말을 귀동냥으로 들은 터였다. 일 년에 한두 번 있을까 말까 한 날이었다. 그래 봐야 하루 일을 마친 후에 집 가까이 있는 벚꽃 구경이 다였지만 가슴 설레는 나들이였다. 마냥 엄하고 무서운 아버지도 어느새 작업복 대신 양복을 입고 웃고 있었다. 멀미가 심한 엄마는 걷기를 원했다. 내심 버스 타기를 바랐던 나는 불만스러움에 걸음이 더뎠다. 자꾸만 뒤로 처지는 막내인 나에게 엄마는 당신의 등을 내밀었다. 작고 야윈 엄마의 등에서 까무룩 잠이 들었던가. 엉덩이를 토닥이던 손이 나를 흔들었다.

"세상에나, 꽃불이다 꽃불……."

불을 밝힌 창경원 안은 사람들로 북적였다. 작은 나무 아래 겨우 자리를 잡았다. 간식거리를 쌌던 보자기를 펼치니 널찍한

자리가 되었다. 엄마는 장사꾼을 불러 사이다 한 병을 사서 내 손에 들려주었다. 짜릿하게 혀를 자극하며 흘러드는 한 모금은 막내에게만 주는 대단한 특혜였다. 통금시간이 다 되어 갈 때까지 꽃을 바라보는 것이 밤 벚꽃 놀이의 전부였다. 집에서도 말이 없으시던 아버지는 나무에 등을 기댄 채 눈을 감고 있었다. 놀러 나와서도 웃지 않는 아버지가 싫었다. 하릴없이 올려다보는 밤하늘엔 작은 꽃잎 사이로 숨바꼭질하는 별이 드문드문 보였다. 떨어지는 꽃잎을 손바닥에 받아 바라보던 엄마는 무슨 생각을 했는지 알 길이 없다. 일만 하던 엄마에게 꽃놀이는 일 년에 딱 한 번 있는 한껏 사치한 나들이였는지도 모르겠다.

아버지 등에 업혔다. 집으로 가는 길은 아쉬움 때문인지 올 때보다 지루하게 느껴졌다. 엄마도, 아버지도 말이 없었다. 고단한 일상이 기다리는 내일에 비해 오늘의 잔치가 너무 짧았던 걸까. 담배 냄새가 배어있는 아버지 등에서 잠이 들었다가 깨어보니 엄마 곁이었던 그날, 눈부신 봄이었다.

엄마가 가시고 홀로 남은 아버지가 외롭게 생을 이어 갈 때도 계절은 변함없었다. 어릴 적 내주었던 탄탄한 아버지의 등은 물기 빠진 고목처럼 엉성해져 갔다. 두 분 다 내 곁을 떠난 때는 봄이 한창이었지만 나는 한겨울처럼 추웠다. 고아가 된 후에도, 어김없이 봄은 왔고 꽃으로 물결쳤다. 한 번도 부모님에게 등을 내어주며 함께 꽃구경 나서지 않았던 내게도 시간은 흘렀다. 일곱 살의 나를 업어 주던 등은 세상에 없는데 그날의 부모님만큼 나이 먹은 나만 남았다.

강둑의 햇살이 이운다. 연분홍 꽃잎이 노을에 흔들리며 그림

같은 순간을 만들더니 길게 이어진 꽃길에 어둠이 내린다. 띄엄띄엄 서 있는 가로등에 희미하게 불이 들어왔다. 어디선지 느릿해지는 사람들의 발길을 붙잡는 탁한 노랫가락이 들려온다.

어머니, 꽃구경 가요
제 등에 업히어 꽃구경 가요
세상이 온통 꽃 핀 봄날,
어머니는 좋아라고 아들 등에 업혔네.

노 가객의 노래였다. 저무는 봄밤에 나처럼 가슴 저린 이가 또 있는지, 둑 너머로 끊어질 듯 이어지는 목소리에 걸음이 묶였다. 아들 등에 업혀 마지막 길임을 알면서도 솔가지 꺾어 뿌려 아들 돌아갈 길을 알게 해주는 애절함으로 노래는 끝났다.

몇 해 전, 요양원에 모셔놓고 돌아올 때 조심히 가라던 아버지의 목소리가 노랫가락에 실려 온다. 꽃구경 한번 데려갈 줄 몰랐던, 약속했을 자식이 무탈하기 바라는 부모의 마음이 늙은 가수의 목소리로 이제야 전해진다. 자식에게는 잘도 내주었던 등이었지만 부모에게는 한 번도 내주지 못한 불효가 가시처럼 불거진다. 어쩌지 못할 후회는 아릿한 아픔으로 찾아왔다. 침을 삼켜도, 가슴 저려 하는 나아지지 않는 통증은 무심한 딸이었음을 고백하는 성사聖事인가, 뒤늦게 알아차린 참회의 아픈 마디인가.

사람이 죽으면 하늘의 별이 된다는 엄마의 이야기에 막연한 아픔을 느꼈던 어린 시절이 생각난다. 달도 없는 밤하늘에 길게 사선을 그으며 떨어지는 유성을 보며 두려움으로 떨리던 심장의 두근거림을 기억한다. 요즘도 밤의 정취를 느끼고 싶을 때면 가끔 하늘을 본다. 촘촘히 박혀 반짝이는 별들 사이에서 엄마별과 내 별을 찾아 영원히 떨어지지 않기를 빌던 그때도 달 없는 빈 하늘이었다.

귀촌한 동네는 고요가 일상이다. 날마다 달라지는 자연을 학습하며 새로운 매일을 산다. 도시에 있을 때는 밤이 되면 수없이 켜지는 불빛에 묻혀 살았다. 이곳에서는 밤이 들면 불을 끄고 별을 켠다. 어둠과 벗하는 하늘에서는 별이 된 엄마가 보인다. 살가운 말 한마디 건네지 못했던 아버지도 있다.

봄이 가고 있다. 늘 아쉽게 가는 봄이다. 부모님을 보낼 때 배웅조차 미진했던 나는 봄이면 누구에게도 말하지 못하는 마음앓이를 한다. 아버지가 가신 그날처럼 늦은 봄날이면 등불 대신 별을 켠다. 불을 끄고 그리움의 별을 켠다.

■ 장려상

아기제비

박선미

바다 건너 봄바람이 불어온다. 아이를 만나러 가면서 겨울이 찬란한 초록빛 봄에게 자리를 내주고 물러갔음을 실감한다. 자동차 창밖으로 큰 나무 아래에 금계국이 햇빛을 향해 고개를 쭉 빼고 있는 모습이 눈에 들어온다.

아이와 마지막으로 여행했던 추사 김정희 고택을 찾았다. 방명록을 새것으로 바꾸어 놓았는지 지난해 3월에 이곳을 방문했을 때 아이가 또박또박 써 놓았던 글씨의 흔적이 없었다. 아이가 그리워서 아이를 찾으러 왔는데 어디를 가도 아이는 없었다. 내 영혼이 갸날프게 흐느끼는 소리를 들었다. 아이의 글씨라도 보기 위해서 서울에서 두 시간이 넘게 달려왔는데, 입술을 짓씹었다. 얼굴을 잔뜩 찡그렸다가 풀기를 반복하면서 평정심을 찾기 위해 숨을 크게 들여 마셨다.

방명록을 덮고 돌아서는데 새 한 마리가 초상화 앞에 앉아 있었다. 순간적으로 몸이 얼어붙으면서 '우리 정원이가 새가 된 것일까?' 급히 눈을 깜빡거리며 다시 보았다.

"정원아! 우리 정원이 엄마에게 얘기해 봐. 엄마가 정원이 보러 왔잖아."

삐기삐기 새가 대답을 했다. 내 심장박동이 증가하였다. 그 새를 알고 싶고 직접 만져보고 싶었다.

"엄마가 정원이 보러 왔잖아. 잘 있었어? 우리 정원이 새가 된 거야?"

옆에서 가만히 듣고 있던 남편도 떨리는 목소리로 새가 막 지저귄다라고 말하며 새에게서 눈길을 떼지 않았다.

"엄마한테 이야기하는 거야? 우리 정원이 엄마한테 할 얘기가 많구나. 친구 사귀었니?"

나는 상체를 앞으로 기울이며 떨리는 작은 목소리로 말했다.

삑삑 삐기삐기 새가 또 대답을 했다.

"우리 쫑알이 계속 쫑알쫑알하네."

새가 갑자기 하얀 꼬리를 내보이며 뒤돌아서 앉았다.

"엄마 뒤에도 보라고, 앞에도 보라고 그러는 거야?"

삐삐삑삑 새는 다시 앞을 보여주며 앉았다가 푸르르 날아오르더니 갑자기 눈앞에서 사라졌다. 산이 울리도록 정원이를 외쳐 보았지만 정원이의 대답 대신 들려온 것은 새의 지저귐이었다. 두리번거리며 찾아보니 내 손이 닿을 수 없는 높이의 저 위쪽에 둥지가 있었다.

새로 돋아난 잎과 형형색색 꽃에서 풍기는 신선한 향기와 허공에서 뱅글뱅글 춤추는 송홧가루, 여기저기 오가는 벌이 흐느끼듯 우는 바람과 바람에 몸을 바스락거리는 나무들 사이로 새가 뱅글뱅글 맴돌았다.

남편과 나는 이야기를 나누었던 새가 어떤 종류의 새인지 궁금했다. 정보를 끌어내려고 각자 검색을 하면서 혼자 중얼거리며 고개를 가로젓기도 하였다.

그 새는 아기제비였다.

아이에게 읽어준 행복한 왕자 동화책이 떠올랐다. 따뜻한 나라로 내일 떠나는 제비는 우연히 왕자 동상 아래에서 쉬다가 왕자의 눈물을 보게 된다. 사람들이 비참하게 사는 모습에 슬퍼하는 왕자의 마음을 듣고 제비는 남쪽으로 가야 하는 날을 차일피일 미루며 왕자를 도와준다. 왕자와 제비는 사람들이 알아주지 않지만 계속 도움을 준다. 마지막에 제비는 왕자의 동상 발밑에서 숨을 거두지만, 제비의 영혼은 천국을 누비면서 영원히 노래를 부른다는 이야기이다.

생각해보면 정원이는 제비 같은 아이였다. 왕자의 부탁을 거절하지 않는 제비처럼 친구들을 도와주며 행복해했다. 제비는 둥지를 만들 재료를 얻기 위해 땅에 내려앉는 것 외에는 거의 땅에 앉지 않는다. 제비 한 마리가 차에 치어서 죽게 되자 제비들이 와서 계속 주변을 맴도는 장면이 우연히 찍혀 인터넷에서 화제가 된 적이 있다. 도로에서 죽은 제비를 추모하듯 제비 떼가 주변을 떠나지 못하는 모습은 감동을 주었다. 까치나 참새와 같은 다른 새들은 사람을 보면 반대 방향으로 도망가는 것에 비해 제비는 도망가지 않고 곡예비행을 선보이며 사람을 지나쳐 난다. 행동이 날쌔고 사람을 좋아하는 것도 아이를 닮았다.

제비는 봄에 찾아오는 철새인데 최근 서울에서 본 적이 없는 것 같다. 내가 닿을 수 없는 거리에 존재하는 미지의 나라로 가버릴까 몸이 스산해지면서 두려움이 살아났다.

다시 아기제비가 돌아오길 남편과 함께 기다렸다. 갑자기 바람이 쌩하고 불었다. 긴장했던 어깨에 힘이 풀렸다. 바람에서 산의 청량한 냄새가 풍겨왔다. 고개를 들고 산 쪽에서 불어오는 바람을 폐 깊숙이 들이마셨다. 그래도 미간이 찌푸려졌다. 하늘을 올려다보며 관자놀이를 문질렀다.

"이제 나는 어떻게 살아내야 하는가?"

한숨이 나왔다. 푸른 하늘에는 아이와의 추억이 그대로 담겨 있다. 지나간 흔적을 버리고 색채도 없는 쓸쓸한 바람 같은 시간이 가고 있다. 그저 한숨만 솟아오른다. 볼을 스치는 봄바람에 고개를 들어 하늘을 본다. 초상화의 유리는 햇빛을 받아 찬란하게 반짝거리고 봄바람 냄새가 코를 간질인다. 얼굴에서는 눅눅한 눈물 냄새가 흘러내렸다. 철퍼덕 주저앉아서 울고 싶었지만 눈물이 맺힌 채로 주머니에서 손수건을 꺼내서 눈을 비볐다. 마음으로 삭이며 나와 남편은 서로에게 슬픈 표정을 드러내지 않으려고 안간힘을 썼다. 용을 쓰니 몸에 가득 찬 스트레스가 나를 휩쓸었다. 얼굴이 찌푸려지고 미간의 주름이 한층 깊어졌다.

정원은 포근한 햇살에 반짝이는 이슬 맺힌 잎에 따스한 바람이 지나가면 사각사각 소리를 내는 곳이다. 벨벳처럼 매끄러운 꽃잎들과 초록 옷을 입은 잔디에 흔들그네가 있는 곳, 부드럽게 차가운 물을 분사하며 무지개를 만드는 스프링클러가 있고, 지저귀는 새, 윙윙거리는 벌, 드문드문 보이는 토끼풀, 새로 돋아난 풀잎 위를 맴도는 노란 나비가 있는 곳이다. 얼굴 가득 환한 미소를 짓는 풍경을 주는 정원처럼 정원이는 나에게 평온함을 주는 아이였다. 동전을 손에 꽉 쥐었다가 다시 펴 보니 감쪽같이 동전은 사라지고 빈손만 남은, TV에서 보던 마술과 같은 일이 내게 일어난 것이다. 정원이만 사라지고 말았다.

아이와 함께했던 지난봄의 풍경들이 다시금 되살아나 내 눈앞에 다가서고 있다. 눈시울이 뜨거워진다. 광선처럼 번쩍이며, 추억 끝에 스미다가, 흐려진 눈가에 아른거리다가, 사라져버린다. 오늘 만난 아기제비가 신록이 푸르른 산도, 밤하늘에 얼어붙은 달도, 마음껏 뚫고 자유롭게 통과하며 날아다니기를 바래본다.

■ 장려상

마음산

정택은

드디어 눈앞에 검은 산이다. 산을 보자마자 숨통이 탁 트인다. 달빛 비치는 산길엔 잘박거리는 내 발소리만 따라온다. 어둠이 내린 산을 찾아드는 까닭은 무엇일까. 어둠의 산을 오르기도 어려운데, 수시로 오락가락하는 마음의 산을 오르기란 더욱더 어렵다. 어디 그뿐이랴. 형체도 없는 '마음산'을 내 어찌 도통하랴. 걷고 걷다 보면, 형체 있는 산도 형체 없는 산도 있는 그대로의 참모습에 다다르리라. 아마도 산자락 어딘가에 묻혀 있을 내 마음을 찾기 위함이다.

어둠이 가득한 산이 나의 본마음을 깨운다. 낮에 보았던 산이 주는 풍취에 반해선가. 아니면 돌부처처럼 변함없는 산이 좋아선가. 산은 마음에 따라 다르게 느껴진다. 날 선 세상이 어둠처럼 다가와 가슴을 옥죄어올 때 산에 오르면 막연한 두려움은 이내 사라진다. 어둠은 빳빳하게 곤두선 신경을 누그러뜨려 산의 일부처럼 녹아든다. 칠흑 같은 산은 미지의 세계를 여행하는 그 이상으로 흥분시킨다.

산은 언제나 마음속에 있다. 꿈 많던 푸른 시절부터 지금껏 지상에 둘도 없는 벗이다. 나는 애초부터 산을 좋아하는 체질을 타고났던가. 지천명에도 여전히 산을 즐긴다. 아니 산에 폭 빠져 있다 해도 지나친 말이 아니다. 어린 시절의 산의 기억은 뒷산이 유일무이한 산이다. 목마름도 허기도 까맣게 잊은 채 하나같이 뻘뻘 땀을 흘리며 놀다가 땅거미가 지기 시작하면 내려오던 시절, 진달래 꽃잎을 입에 물고 코흘리개 동무들과 마음대로 산을 헤매고 다니던 기억이 아련하다. 커다란 바위에 올라 도심을 무한정 바라보던 때가 엊그제만 같다. 그 시절부터 산과 맛난 남이 시작이었던 듯싶다.

나는 산이 높든 낮든 가리지 않고 오르내린다. 산은 군말이 없다. 외롭고 힘들다고 투정을 부려도 즐겁다고 외쳐도 입을 꾹 다문 채 아무 대답도 하지 않는다. 인간은 조금만 힘들어도 사느니 못 사느니 아우성치지만, 자연은 힘들어도 온몸으로 덤덤히 받아들인다. 인간의 질문에 응답은 없고, 생뚱맞은 산은 제법 능청스럽게 딴소리만 해댄다. 딱따구리 나무 쪼는 소리와 계곡 물소리만 고요를 깰 뿐이다. 이어 산바람만 내 몸을 스쳐 달아나 버린다.

산은 참으로 의연하다. 추우면 추울세라 맨몸뚱이로 찬바람에 맞선다. 더우면 더울세라 나무 그늘을 마련한다. 시간이 흐름에 따라 때맞춰 스스로 입을 다물 줄 안다. 산은 행여 누군가에 기대지 않고 힘든 상황에서도 꿋꿋하게 버텨낸다. 자연은 어려운 역경을 딛고 일어나 해마다 진달래꽃 피는 봄을 선물한다. 진솔한 벗, 산의 모습이 아닌가 싶다. 나는 그런 산에 현혹된 듯하다. 산은 인간과 다르다. 그 어떤 상황에서도 인간에게 요구하는 일은 없다. 순수만이 단지 존재할 뿐이다. 산 앞에 서 있으면 너무나 자그마한 육신임을 실감한다. 언제든지 다가가면 본연의 마음산을 걷도록 안내한다.

등불을 밝히고 구태여 어둠을 찾아 나서는가. 밤의 산은 인적이 드물어서다. 야행은 내가 알지 못하던 다른 세상을 선사한다. 어둠 속에서 걷다 보면 낙담에 빠진 자신을 만나다가도 푸른 공간에서 비상을 꿈꾸는 자아를 발견한다. 어둠이 배어들어 홀로 된 산은 내 가슴으로 부른 마음산이다. 밤바람에 늙은 소나무 가지가 일렁거리고, 키 작은 굴참나무에 지은 거미줄도 바람결에 자꾸 흔들린다. 어둠을 길동무 삼아 오솔길을 걷는 일은 자신을 넘어서는 나만의 방법인가 싶다. 일상의 시끌벅적한 소리에서 벗어나 본연의 모습으로 돌아와 있다.

어슬어슬한 밤길에 소나무 뿌리가 훤히 드러나 눈길을 끈다. 숨을 헐떡이며 오가는 인간들의 발길을 오롯이 맨몸으로 받아들인 탓인가. 어머니의 손등처럼 만고풍상이 고스란히 담은 듯하다. 참고 견디라며 무언의 메시지를 전한다. 오늘 접신한 마음산은 어머니의 삶처럼 절절한 사랑을 말하려는 듯싶다. 자연의 숨결이 살아있는 산은 어머니의 가슴과도 같은 공간이다. 말없이 쓰다듬던 어머니의 거친 손길처럼 느껴진다. 이런 감정을 느낀 이 자리가 바로, 내 삶의 쉴 틈을 주는 안식처나 다름없다.

밤의 산은 마치 어머니처럼 곁을 지켜준다. 백 마디 천 마디 공허한 말보다 옆에 진드근히 서 있다. 세파에 시달린 몸으로 불빛 밝히고 언제든 찾아가도 내치는 법이 없다. 산에 들어가 '어머니'라고 큰소리로 외쳐 보라. 산을 걸으며 살아온 생의 궤적이 의미 있는 일이었음을 가슴 뜨겁게 감지하리라. 산은 변함없이 곁에 자리한다. 오늘도 나를 내려놓고 어머니 품에서 젖을 빨던 그 본연에 돌아간 듯 산에 안긴다.

따뜻한 어머니 품처럼 산에 길들어 있는지 모른다. 평범한 인생살이에서 청순한 꿈을 꾸던 마음산. 나의 왕국이자 놀이터였던 듯하다. 열 살 남짓한 소년의 꿈이 자리한 삶의 시공간이다. 지금도 시간이 조금이라도 생기면 거침없이 산으로 들어간다. 마음이 답답할 때나 몸이 고달픈 날에도 산길을 걷는다. 잡스러운 생각이 머릿속에 끼어들지 못하는 무無의 공간을 얻고 싶어서다.

산은 낮이건 밤이건 똑같은 산이 아니던가. 아니 순수 그 자체이다. 산이 높든 낮든 그 나름대로 이름과 매력이 풍긴다. 밋밋한 마을 뒷산도 꼼꼼히 살펴보면 절대 기가 죽지 않고 커다란 산과 어깨를 겨루는 그만의 볼거리를 드러낸다. 커다란 산은 웅장한 기운이 감돌고, 낮은 산은 보기만 해도 오묘한 친밀감을 가진다. 마음을 끌어당기는 산, 가슴속을 밝히는 빛나는 별이다.

어둠 속에 산은 매번 경험하지 않은 산이다. 정적에 잠긴 산속을 걷는 일은 자신과 가장 좋은 대화법이다. 그래서 가슴으로 오르기에 '마음산'이라 부른다. 밤길을 밝혀 두 발을 옮겨 놓을 때마다 삶의 느낌을 온몸으로 만끽한다. 적막한 산은 마음속에서 본연의 나를 찾는 시간이다. 어둠의 바다에서 솟아오르는 신생의 복받침으로 인간의 영혼을 맑게 만들어 주는 듯싶다. 산길에서 삶의 내면세계를 조련 중이다. 오늘도 어제와 마찬가지로 '마음산'을 거닐고 있다.

최우수상 「어머니의 상춘곡賞春曲」은 정극인丁克仁의 「상춘곡賞春曲」을 화자와 어머니의 상춘곡으로 재해석해낸 발상이 무난하다. 아울러 간혹 보이는 시적인 문장이 서술적 진부함을 깨주고 있어 주목할만하다. 다만, 문법적인 요소의 미흡이 아쉽다. 그럼에도 이 작품을 선한 것은 무엇보다 "수십 년 지나도록 몸이 기억하고 있는 봄의 계절병과, 그곳에다 떼어놓고 왔어야 할 땅 집착증이 야윈 힘줄 속에 아직 남아"있는 어머니를 바라보는 화자의 오롯한 마음이 오래도록 시선을 붙들었기 때문이다. 우수상 「누이의 봄」은 군더더기 없는 문장과 하나의 주제로 일관된 전개가 돋보인다. 반면에 누이의 죽음을 묘사한 서사적 구성 정황 묘사에서 머물러 문학적 사유나 철학, 시적 정서로 이어졌다면 더욱더 좋은 작품이 되었을 것 같다. 우수상 「자운영紫雲英꽃」, 자운영에서 시작된 회상이 구체적 정황 묘사를 통해 토속적인 정취를 불러내는 전개가 흥미롭다. 과거와 현재를 넘나드는 구성의 치밀함이 서운하다. 장려상 「마음산」 야간 산행을 통해 마음 세계를 말하고자 한 시도가 참신하다. 다만 전하고자 하는 메시지가 이미지로 치환되지 못하고 설명에 그치고 있어 산만하다. 장려상 「아기제비」 심적 고뇌를 중심 제재인 새를 통해 상쇄하는 치유로서의 글이나 지나친 감정 이입은 경계할 필요가 있다. 장려상「별을 켜다」시제에서는 벗어나 있으나 안정된 문장과 봄이 지닌 감성을 담고 있다. 그러나 문단 간 긴밀성과 문장과 문장 간 호환이 아쉽다./심사위원-배귀선(수필가), 라환희(수필가)

■ 심사

시 예심 - 나혜경(시인), 서덕민(시인)

예심 모습

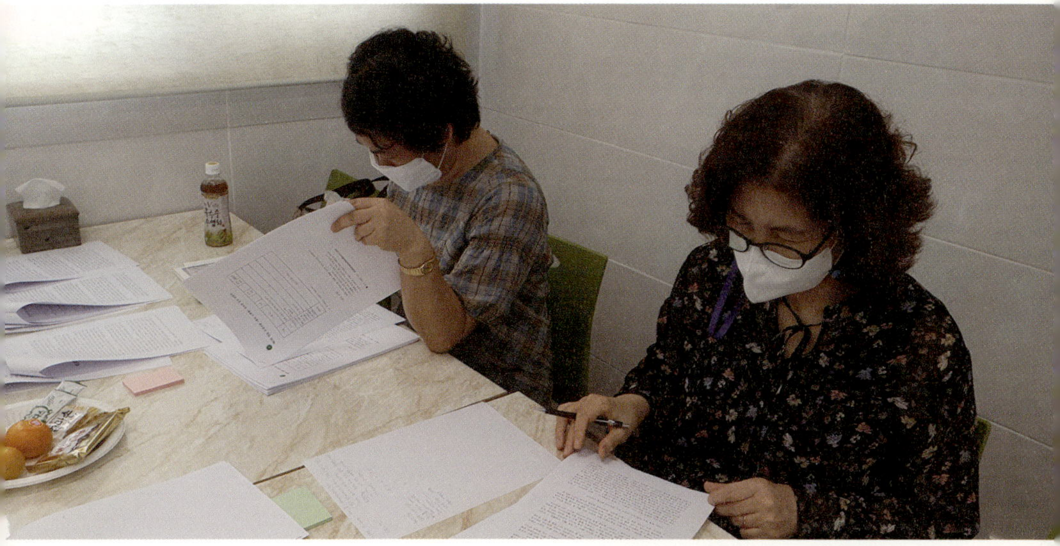

수필 예심 - 전오영(수필가), 이지혜(수필가)

■ 심사

시 본심 - 복효근(시인), 유강희(시인)

본심 모습

수필 본심- 배귀선(수필가), 라환희(수필가)

상춘곡 공원

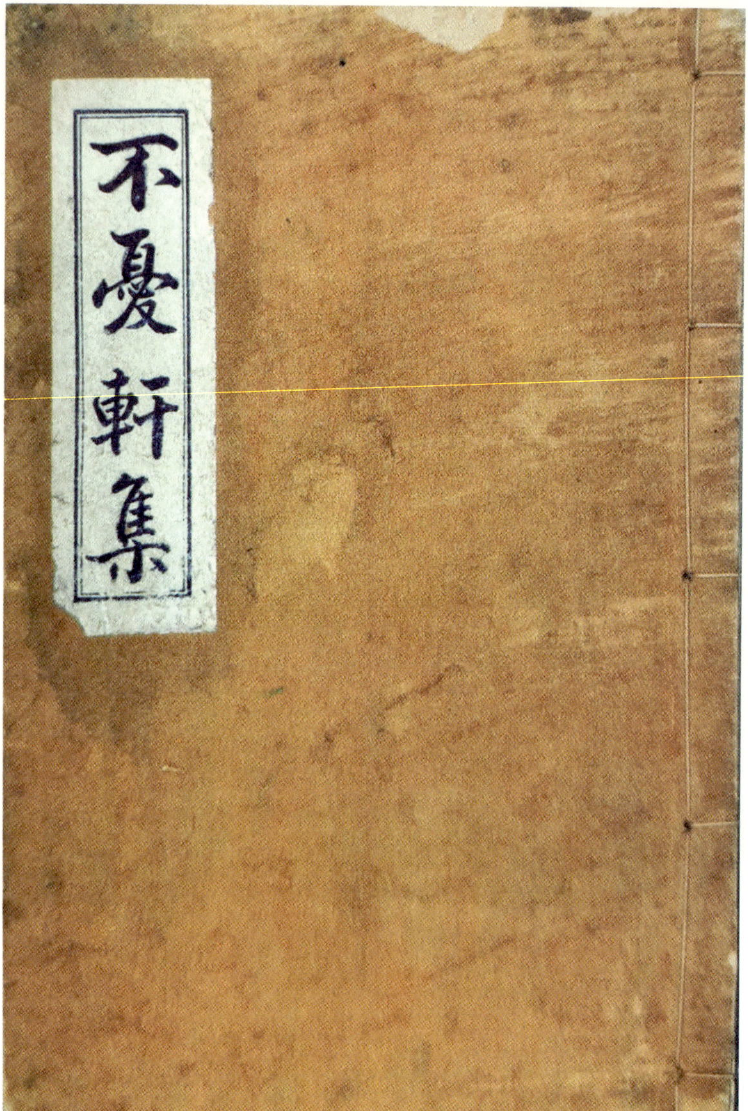

《불우헌 집》 표지

불우헌이 살았던 마을(추정)